CONTEÚDO DIGITAL PARA ALUNOS
Cadastre-se e transforme seus estudos em uma experiência única de aprendizado:

CB037058

1 Entre na página de cadastro:
https://sistemas.editoradobrasil.com.br/cadastro

2 Além dos seus dados pessoais e dos dados de sua escola, adicione ao cadastro o código do aluno, que garantirá a exclusividade do seu ingresso à plataforma.

4263276A6369650

3 Depois, acesse:
https://leb.editoradobrasil.com.br/
e navegue pelos conteúdos digitais de sua coleção :D

Lembre-se de que esse código, pessoal e intransferível, é valido por um ano. Guarde-o com cuidado, pois é a única maneira de você acessar os conteúdos da plataforma.

Mitanga
Integrado

3
EDUCAÇÃO INFANTIL

LINGUAGEM • MATEMÁTICA
NATUREZA E SOCIEDADE

JOSIANE SANSON
MEIRY MOSTACHIO

1ª EDIÇÃO
SÃO PAULO, 2023

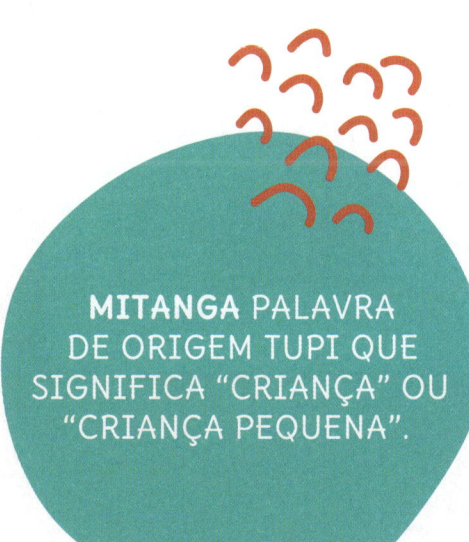

MITANGA PALAVRA DE ORIGEM TUPI QUE SIGNIFICA "CRIANÇA" OU "CRIANÇA PEQUENA".

Dados Internacionais de Catalogação na Publicação (CIP)
(Câmara Brasileira do Livro, SP, Brasil)

Sanson, Josiane
  Mitanga integrado 3 : educação infantil / Josiane Sanson, Meiry Mostachio. -- 1. ed. -- São Paulo : Editora do Brasil, 2023. -- (Mitanga)

  ISBN 978-85-10-08990-6 (aluno)
  ISBN 978-85-10-08991-3 (professor)

  1. Linguagem (Educação infantil) 2. Matemática (Educação infantil) 3. Natureza (Educação infantil) 4. Sociedade (Educação infantil) I. Mostachio, Meiry. II. Título. III. Série.

23-157606   CDD-372.21

Índices para catálogo sistemático:
1. Ensino integrado : Livros-texto : Educação infantil   372.21
Cibele Maria Dias - Bibliotecária - CRB-8/9427

© Editora do Brasil S.A., 2023
Todos os direitos reservados

Direção-geral: Paulo Serino de Souza

Direção editorial: Felipe Ramos Poletti
Gerência editorial: Erika Caldin
Gerência editorial de produção e design: Ulisses Pires
Supervisão de design: Dea Melo
Supervisão de arte: Abdonildo José de Lima Santos
Supervisão de revisão: Elaine Cristina da Silva
Supervisão de iconografia: Léo Burgos
Supervisão de digital: Priscila Hernandez
Supervisão de controle e planejamento editorial: Roseli Said
Supervisão de direitos autorais: Jennifer Xavier

Supervisão editorial: Carla Felix Lopes
Edição: Ana Flávia Corrêa Rodrigues, Beatriz Pineiro e Jamila Nascimento
Assistência editorial: Marcos Vasconcelos
Auxílio editorial: Natalia Soeda
Revisão: Alexander Barutti, Andréia Andrade, Beatriz Dorini, Gabriel Ornelas, Mariana Paixão, Martin Gonçalves, Rita Costa e Sandra Fernandes
Pesquisa iconográfica: Daniel Andrade, Isabela Meneses e Luiza Camargo

Assistência de arte: Josiane Batista
Design gráfico: Cris Viana/Estúdio Chaleira
Capa: Obá Editorial
Edição de arte: Carla Ferreira e Paula Coelho
Imagem de capa: Luna Vicente
Ilustrações: Alexandre Matos, André Aguiar, Bruna Ishihara, Carolina Sartório, Cibele Queiroz, Claudia Marianno, DAE (Departamento de Arte e Editoração), Dayane Raven, Eduardo Belmiro, Fernanda Monteiro, Flip Estúdio, Hélio Senatore, Henrique Brum, Ilustra Cartoon, João Peterson, Luiz Lentini, Marco Cortez, Marcos Machado, Paulo Nunes Marques, Saulo Nunes Marques e Suzi Watanabe
Editoração eletrônica: NPublic/Formato Editoração
Licenciamentos de textos: Cinthya Utiyama, Ingrid Granzotto, Renata Garbellini e Solange Rodrigues
Controle e planejamento editorial: Bianca Gomes, Juliana Gonçalves, Maria Trofino, Terezinha Oliveira e Valéria Alves

1ª edição / 1ª impressão, 2023
Impresso na Ricargraf Gráfica e Editora Ltda.

Rua Conselheiro Nébias, 887
São Paulo, SP – CEP 01203-001
Fone: +55 11 3226-0211
www.editoradobrasil.com.br

APRESENTAÇÃO

A VOCÊ, CRIANÇA!

Aprender é uma tarefa fascinante!

Esta coleção foi preparada especialmente para você, que adora investigar, experimentar, brincar, conhecer, participar, conviver, compartilhar, expressar, interagir e explorar o mundo ao seu redor.

Esperamos que este livro seja seu grande companheiro durante o ano e que ajude você a descobrir os mistérios do mundo mágico da leitura, da escrita, dos números, da natureza e da sociedade.

Desejamos que, ao explorar as páginas deste livro, você possa aprender sempre mais. Com ele você vai ler, escrever, falar, refletir, opinar e expor suas ideias sobre diferentes assuntos que envolvem variados temas.

Assim, aos poucos, você vai desvendar e conhecer novos caminhos, criando possibilidades para construir novos conhecimentos e aprendizados, podendo compartilhá-los com seus colegas e familiares.

Vamos juntos percorrer esse maravilhoso caminho de novas aprendizagens, descobertas e desafios. Use e abuse de sua capacidade para criar novos mundos!

As autoras.

CURRÍCULO DAS AUTORAS

JOSIANE MARIA DE SOUZA SANSON

- ▼ Formada em Pedagogia.
- ▼ Especialista em Educação Infantil.
- ▼ Pós-graduada em Práticas Interdisciplinares na Escola e no Magistério Superior.
- ▼ Pós-graduada em Administração Escolar.
- ▼ Experiência no magistério desde 1982.
- ▼ Professora nas redes municipal e particular de ensino.
- ▼ Autora de livros didáticos de Educação Infantil.

ROSIMEIRY MOSTACHIO

- ▼ Formada em Pedagogia com habilitação em Orientação Escolar.
- ▼ Pós-graduada em Psicopedagogia.
- ▼ Mestre em Educação.
- ▼ Experiência no magistério desde 1983.
- ▼ Professora das redes estadual e particular de ensino.
- ▼ Ministrante de cursos e palestras para pedagogos e professores.
- ▼ Autora de livros didáticos de Educação Infantil e Ensino Fundamental.

SUMÁRIO

LINGUAGEM

UNIDADE 1 – MUNDO DA COMUNICAÇÃO 10

UNIDADE 2 – QUEM CANTA SEUS MALES ESPANTA! 30

UNIDADE 3 – TEM BICHO? TEM! 50

UNIDADE 4 – OS MISTÉRIOS DO MAR 66

UNIDADE 5 – OS CASTELOS EM NOSSOS SONHOS 84

UNIDADE 6 – QUERO SER UM PERSONAGEM! . . . 100

TAREFAS PARA CASA 117

ENCARTES 385

MATEMÁTICA

UNIDADE 1 – MATEMÁTICA NO JARDIM 130

UNIDADE 2 – UM DIA DE CHEF 150

UNIDADE 3 – PASSEIO À FAZENDA 170

UNIDADE 4 – EXCURSÃO DA ESCOLA 188

UNIDADE 5 – UM LUGAR DE DIVERSÃO 204

UNIDADE 6 – CURIOSIDADES DE MATEMÁTICA . 224

TAREFAS PARA CASA 245

ENCARTES 385

NATUREZA E SOCIEDADE

UNIDADE 1 – VIDA EM MOVIMENTO 258

UNIDADE 2 – NOSSO PLANETA: A TERRA 276

UNIDADE 3 – CRIANÇAS COMO VOCÊ 294

UNIDADE 4 – O TEMPO E AS TRANSFORMAÇÕES 312

UNIDADE 5 – UM LUGAR, MUITOS LUGARES ... 332

UNIDADE 6 – OUTROS ESPAÇOS 350

DATAS COMEMORATIVAS 369

TAREFAS PARA CASA 373

ENCARTES 385

- Como nos comunicamos com as outras pessoas?
  Observe a cena e circule de **verde** as placas de sinalização e de **vermelho** as palavras.
- Quais placas você circulou? Você sabe o que elas significam?
- Que meios de comunicação aparecem na cena?
- Quais palavras você circulou? Leia-as com a ajuda do professor.

▶ O QUE EU VEJO?

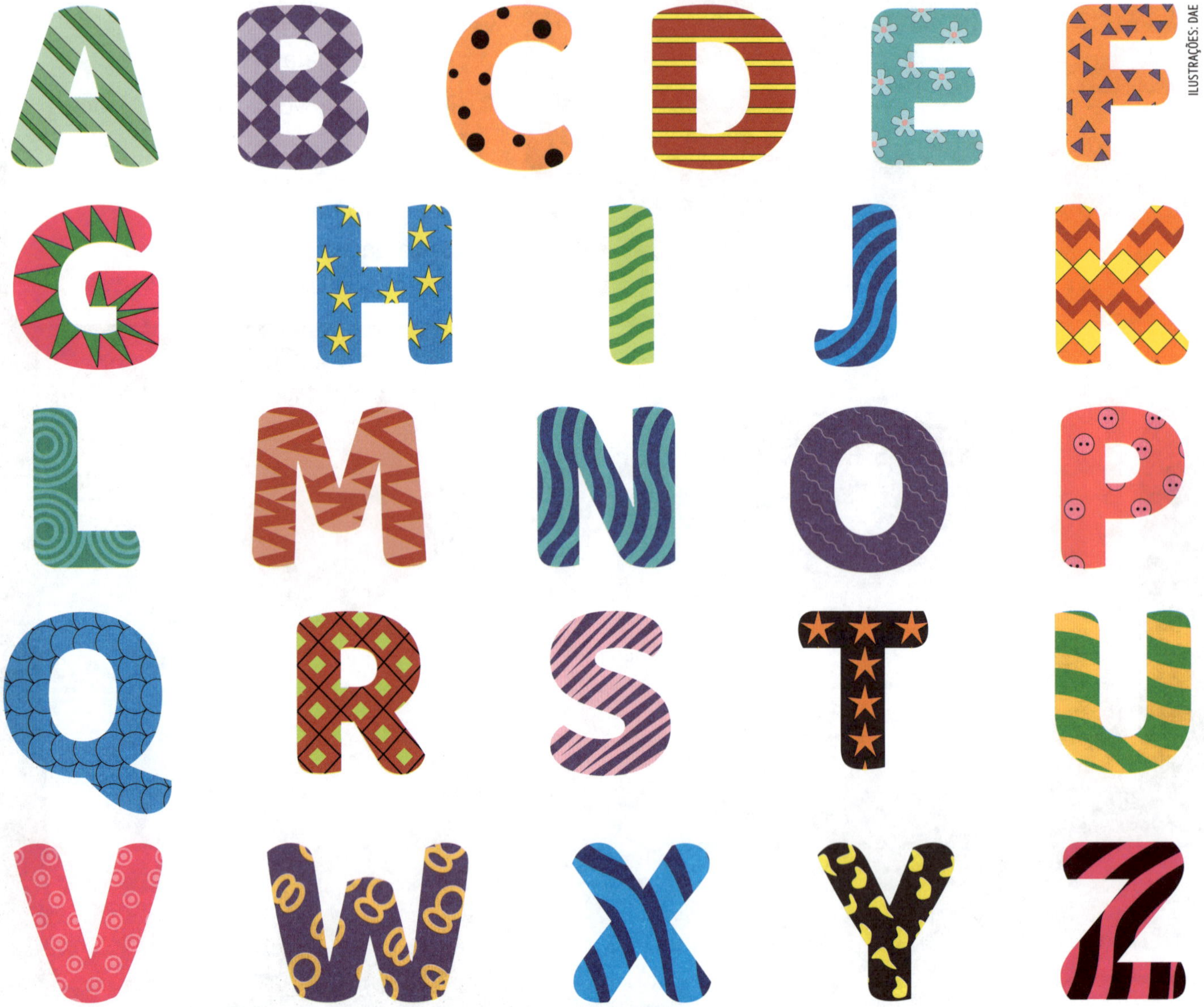

A B C D E F
G H I J K
L M N O P
Q R S T U
V W X Y Z

▼ Vamos recordar o alfabeto?

Diga em voz alta o nome de cada letra. Depois, escreva uma palavra com as letras do alfabeto e leia-a para os colegas e o professor.

Destaque o alfabeto móvel das páginas 409 e 411 para utilizá-lo nesta e em outras atividades com letras e palavras.

▶ **VAMOS ESCREVER?**

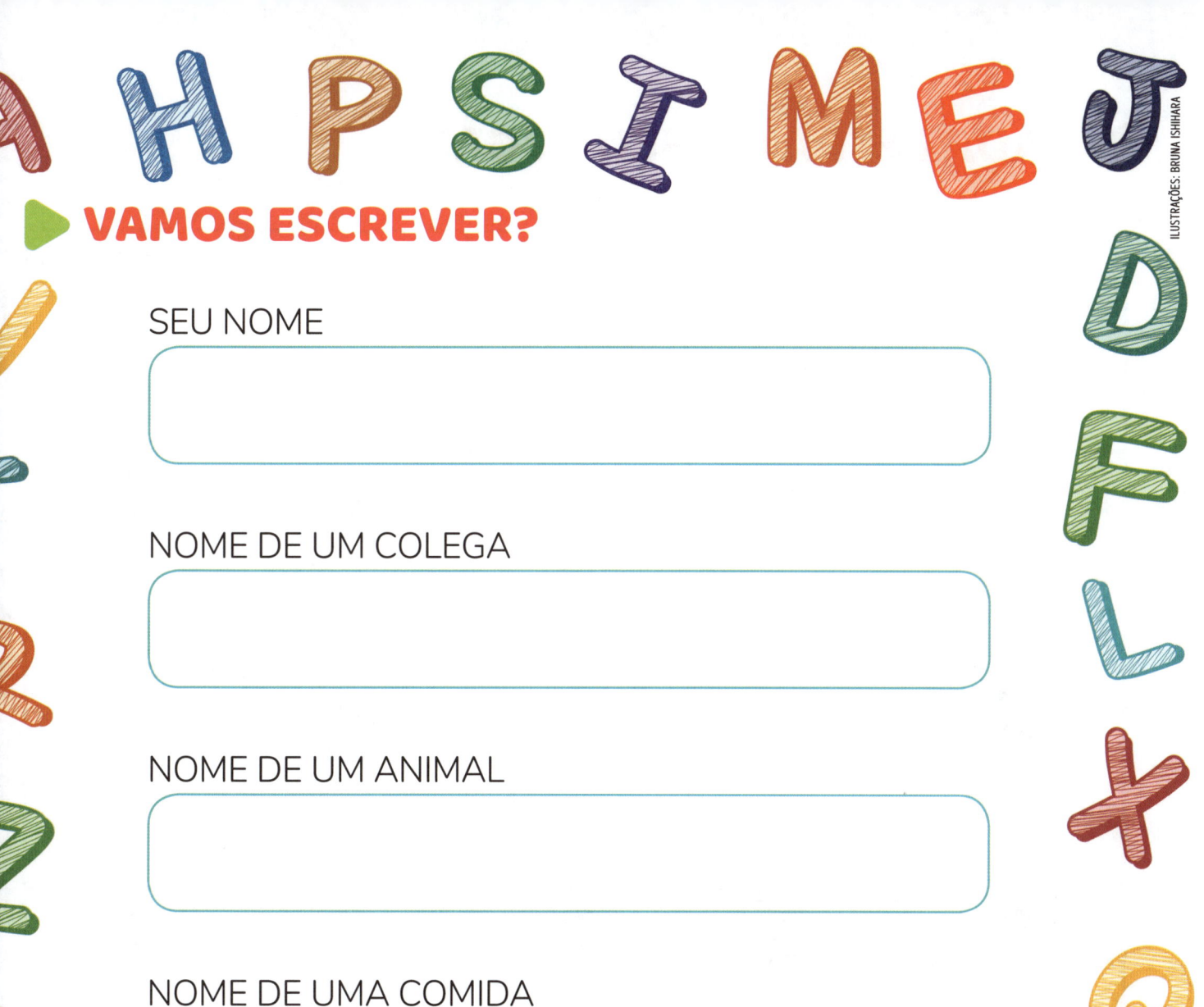

SEU NOME

NOME DE UM COLEGA

NOME DE UM ANIMAL

NOME DE UMA COMIDA

Com as letras do alfabeto você pode se comunicar por meio da escrita.

Escreva o que se pede da maneira que souber. Para facilitar, use as letras do alfabeto móvel, monte as palavras e depois copie-as nos quadros.

CADA LETRA EM SEU LUGAR

A	B	C	D	E
☐	☐	☐	☐	☐
F	G	H	I	J
☐	☐	☐	☐	☐
K	L	M	N	O
☐	☐	☐	☐	☐
P	Q	R	S	T
☐	☐	☐	☐	☐

U	V	W	X	Y	Z
☐	☐	☐	☐	☐	☐

▼ Você sabe quantas letras há em nosso alfabeto?

Observe o quadro, conte as letras e numere-as. Depois, faça um **X** na letra inicial do seu nome.

QUANTAS LETRAS?

Volte à página anterior e observe o alfabeto.
▼ Quais letras estão em **verde**?
Diga em voz alta o nome delas.
Depois, faça desenhos que tenham o nome iniciado por essas letras. Troque seu livro com um colega e veja os desenhos que ele fez.

NOVAS PALAVRAS

▼ Você já conhece todas as letras do alfabeto? Relembre-as com o professor.

Observe as figuras da página 413 do encarte e diga o nome delas. Depois, destaque-as, cole-as nos quadros e escreva o nome de cada uma da maneira que souber.

Com canetinha hidrocor, circule a letra inicial de cada palavra.

▶ ANTES E DEPOIS

(bule)	C	(dedo)
(rato)	S	(tomate)
(lata)	M	(navio)

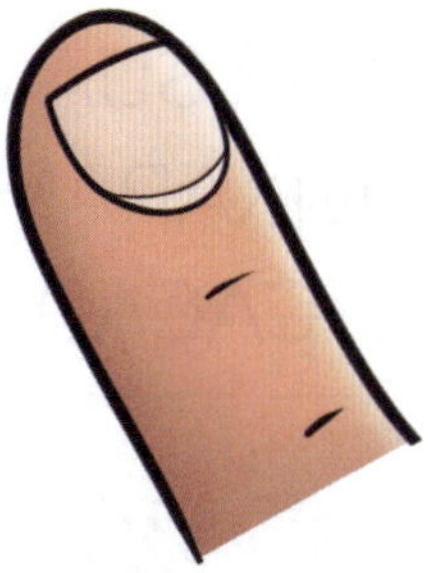

▼ Você já sabe a sequência do alfabeto?
   Observe as letras em destaque e faça desenhos cujo nome comece com essas letras.
   Depois, complete a sequência com a letra que vem antes e a letra que vem depois delas no alfabeto.

MOMENTO DA HISTÓRIA

HÁ MUITO, MUITO TEMPO, ANTES DE O SER HUMANO SABER CONSTRUIR SUA CASA, AS PESSOAS VIVIAM EM CAVERNAS. NELAS DEIXARAM DESENHOS, REGISTROS DESSE MUNDO ANTIGO: ANIMAIS, CAÇADAS, DANÇAS, MISTERIOSOS RITUAIS.

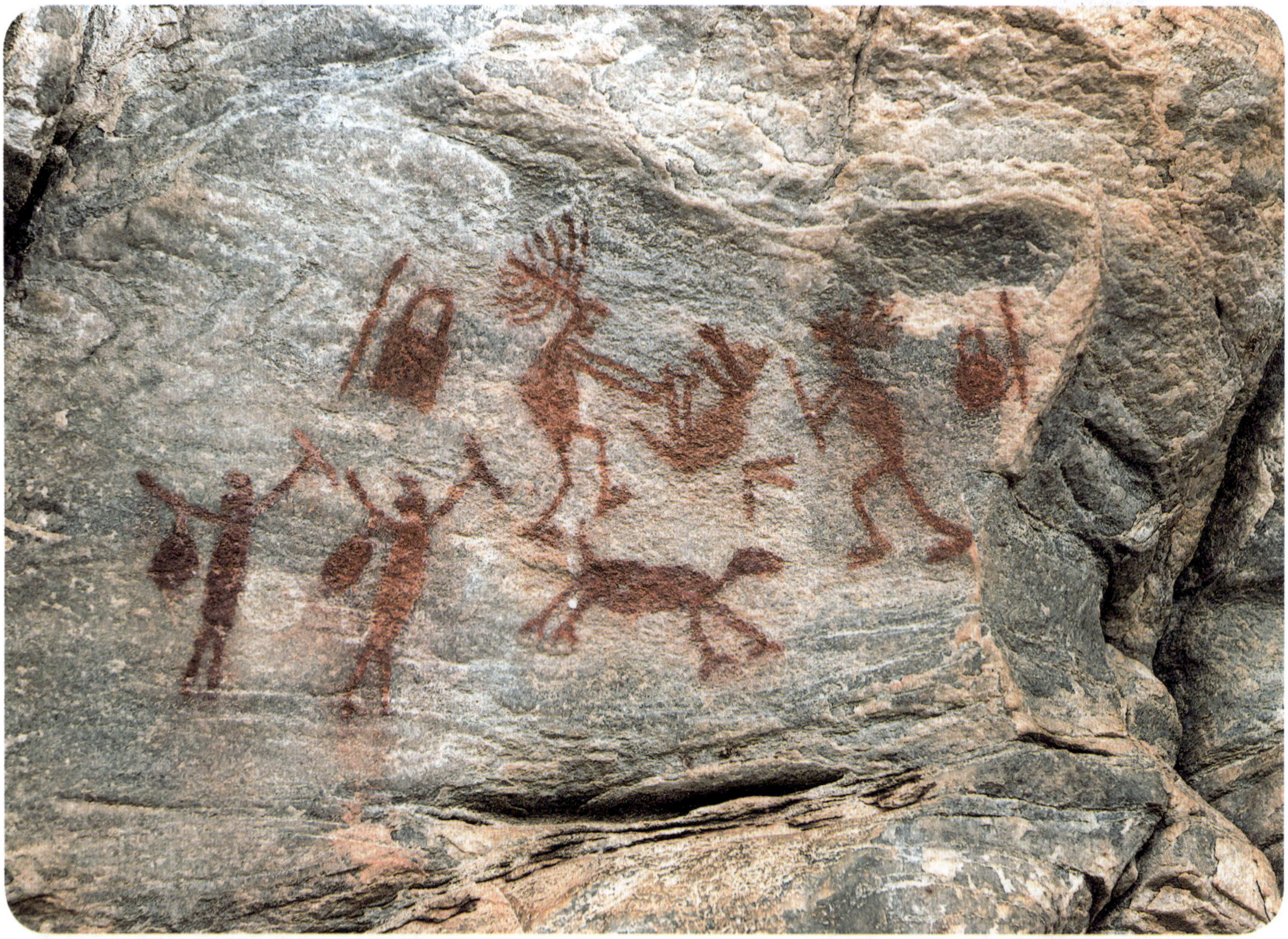

ANDRE DIB/PULSAR IMAGENS

PINTURAS RUPESTRES EM SÍTIO ARQUEOLÓGICO. CARNAÚBA DOS DANTAS, RIO GRANDE DO NORTE.

Ouça a leitura do texto e observe a imagem.

- Onde os seres humanos pré-históricos viviam?
- Como eles se comunicavam?
- Em sua opinião, o que essa pintura representa?

Com os colegas e o professor, conte uma história com base na pintura.

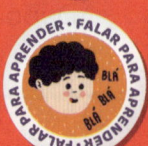

DESENHAR E COMUNICAR

O ser humano da Pré-História registrava o dia a dia por meio de desenhos.

Faça um desenho para representar algo que você fez hoje antes de vir à escola. Depois, mostre-o a um colega.

▼ O colega entendeu seu desenho?
▼ Em sua opinião, é mais fácil se comunicar por meio da escrita ou do desenho?

▶ TUDO TEM UM NOME

O CAÇADOR DE NOMES

CADA COISA TEM UM NOME.
COLOCO EM MINHA BAGAGEM
UM POUQUINHO DE CORAGEM E ATRAVESSO

A _____

PARA DESCOBRIR OS NOMES DAS COISAS.

[...]

_____

DE ASAS BRILHANTES,
QUE NOME VOCÊ TEM?
— ESTOU OCUPADA, VOANDO, VOANDO,
NÃO POSSO PARAR, PARAR DE VOAR.

_____

DO PULO GRANDE,
QUE NOME VOCÊ TEM?
— SÓ POSSO PULAR, SÓ POSSO PULAR
NÃO POSSO FALAR, NÃO POSSO FALAR [...].

ROSEANA MURRAY. **CASAS**. SÃO PAULO:
FORMATO EDITORIAL, 2009. P. 33 E 34.

▼ Em sua opinião, é importante que as coisas tenham nome?
▼ Para que servem os nomes?

Acompanhe a leitura do poema e observe as imagens. Depois, escreva o nome delas nas linhas da maneira que souber.

OUTRAS FORMAS DE SE COMUNICAR

VOCÊ JÁ PERCEBEU QUE HÁ DIFERENTES FORMAS DE COMUNICAÇÃO? PODEMOS NOS COMUNICAR PELA FALA, PELA ESCRITA, POR MEIO DE GESTOS E SINAIS.

▼ Como essas pessoas estão se comunicando?
Observe as imagens e converse com os colegas e o professor.
Depois, circule a imagem em que uma pessoa se comunica pela escrita e marque um **X** na imagem que mostra a comunicação por meio de gestos.
▼ O que esse gesto significa?

▶ MÃOS QUE FALAM!

VOCÊ SABIA QUE AS PESSOAS SURDAS PODEM SE COMUNICAR POR MEIO DE **LIBRAS**, A LÍNGUA BRASILEIRA DE SINAIS?
VEJA COMO É O ALFABETO EM LIBRAS. CADA SINAL REPRESENTA UMA LETRA.

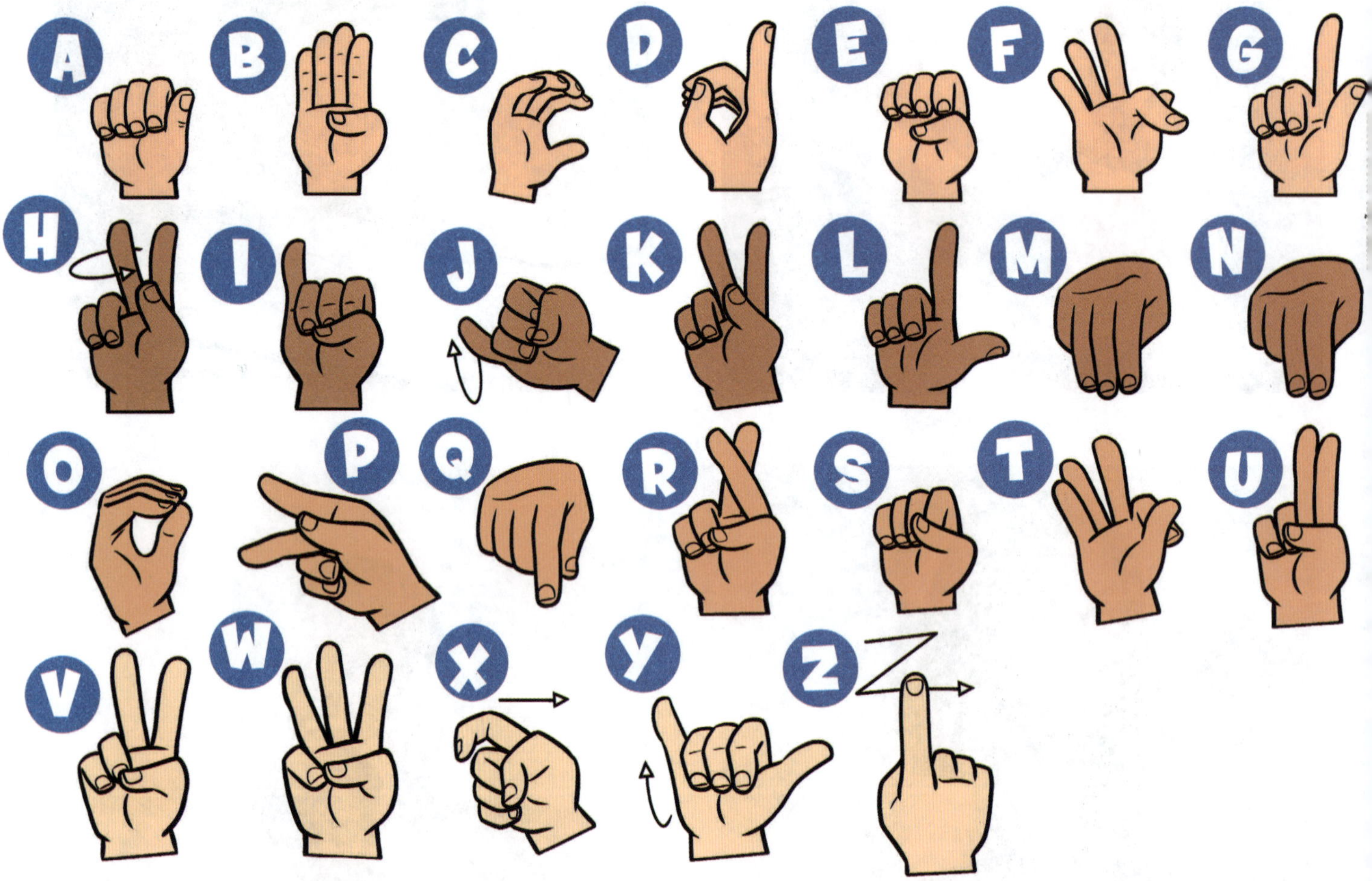

▼ Você conhece esses sinais?

Ouça a leitura do professor e, juntos, façam os sinais do alfabeto manual de Libras. Depois, diga seu nome usando os sinais do alfabeto.

COMO SE CHAMAM?

_____ _____ _____ _____

_____ _____ _____ _____ _____ _____

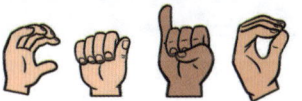

_____ _____ _____ _____

_____ _____ _____ _____ _____

▼ Como se diz o nome dessas crianças em Libras? Observe os sinais e escreva as letras correspondentes para descobrir o nome de cada uma.

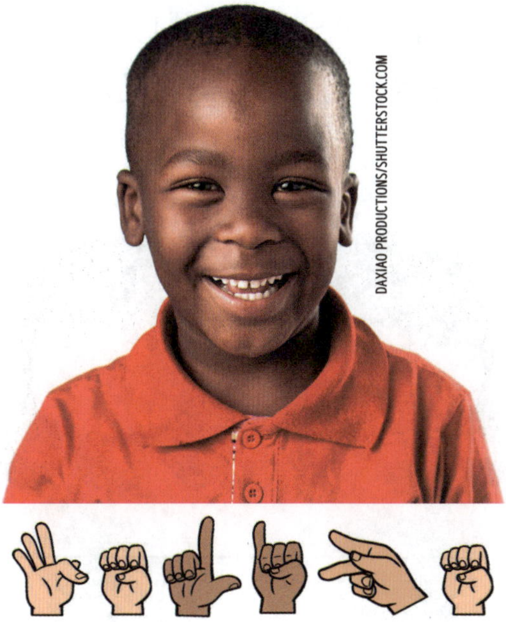

CONVERSANDO EM LIBRAS

EM LIBRAS, ALÉM DO ALFABETO, HÁ SINAIS QUE REPRESENTAM PALAVRAS E EXPRESSÕES.

OI!

TUDO BEM?

ILUSTRAÇÕES: CLAUDIA MARIANNO

Observe as imagens e preste atenção a esses sinais de Libras.
▼ O que as crianças estão dizendo?
Copie as palavras. Depois, com a ajuda do professor, faça os sinais e cumprimente os colegas em Libras.

OUTRAS CULTURAS, MUITAS PALAVRAS

VOCÊ SABIA QUE MUITAS PALAVRAS DA NOSSA LÍNGUA TÊM ORIGEM AFRICANA E INDÍGENA?

PETECA CAFUNÉ PERERECA ANGU
TATU SAMBA QUITUTE TUCANO

●	●

- Você conhece palavras de origem africana ou indígena?

Leia as palavras e copie-as nos quadros correspondentes. Dica: as palavras em **verde** são de origem indígena e as palavras em **laranja** são de origem africana.

- Você sabe o significado dessas palavras?

ALÉM DAS PALAVRAS

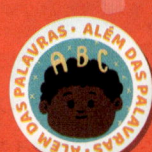

▶ QUANTOS QUITUTES!

ACARAJÉ, ABARÁ,
CANJICA, CARURU, MUNGUNZÁ,
PIMENTA E AZEITE-DE-DENDÊ PARA TEMPERAR.

NO TABULEIRO DA BAIANA
SÃO TANTOS OS QUITUTES
QUE NÃO CONSIGO NEM CONTAR… […].

SONIA ROSA. **O TABULEIRO DA BAIANA**.
RIO DE JANEIRO: PALLAS, 2009. P. 11.

C A N J ___ C ___   C ___ R ___ R U

▼ Você sabe o que são quitutes?
▼ Já experimentou alguma comida de origem africana?

Ouça a leitura do texto, observe as imagens e complete os nomes com as letras que faltam.

Depois, escreva como souber o nome de um quitute de que você gosta.

A LENDA DA MANDIOCA

HÁ MUITO TEMPO, EM UMA TRIBO TUPI, NASCEU UMA INDIAZINHA DE PELE MUITO BRANCA, CHAMADA MANI. ELA ERA MUITO ALEGRE, MEIGA E QUERIDA POR TODA A TRIBO.

UM DIA, MANI FICOU MUITO DOENTE. O PAJÉ FOI CHAMADO E FEZ TUDO O QUE PODIA, MAS ELA NÃO RESISTIU. OS PAIS DA MENINA A ENTERRARAM DENTRO DA OCA, COMO ERA O COSTUME, E TODA A TRIBO REGOU O LOCAL COM LÁGRIMAS DE SAUDADE.

DIAS DEPOIS, NASCEU ALI UMA PLANTA CUJA RAIZ ERA MARROM POR FORA E MUITO BRANCA POR DENTRO, COMO A PELE DE MANI. A MÃE DELA, ENTÃO, DEU À RAIZ O NOME **MANIOCA**, JUNÇÃO DE "MANI" E "OCA". COM O TEMPO O NOME SE TRANSFORMOU E HOJE DIZEMOS "MANDIOCA".

TEXTO ESCRITO ESPECIALMENTE PARA ESTA OBRA.

▼ Você sabe o que é uma lenda?
▼ Qual é a origem da palavra **MANDIOCA**?
Ouça a leitura da lenda e copie no quadro a palavra **MANDIOCA**. Depois, faça um desenho para ilustrar o texto.

FAZENDO RIMAS

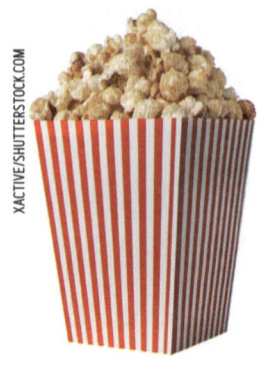

XACTIVE/SHUTTERSTOCK.COM

PIPOCA

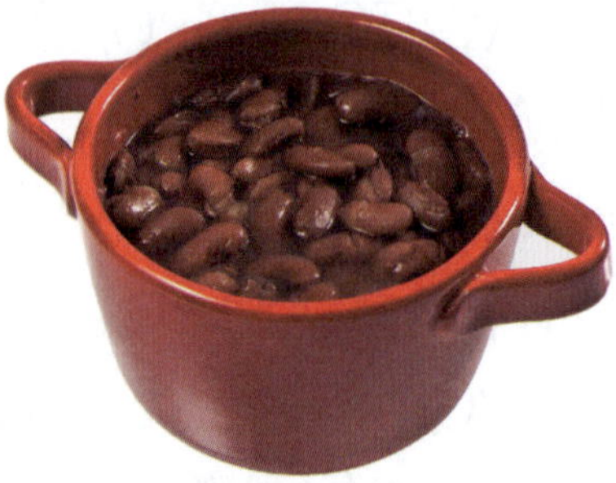
JUANMONINO/ISTOCKPHOTO.COM

FEIJÃO

FLOORTJE/ISTOCKPHOTO.COM

MANDIOCA

M. UNAL OZMEN/SHUTTERSTOCK.COM

SORVETE

KZWW/SHUTTERSTOCK.COM

MINHOCA

FILIPEFRAZAO/ISTOCKPHOTO.COM

TAPIOCA

PHOTOMASTER/SHUTTERSTOCK.COM

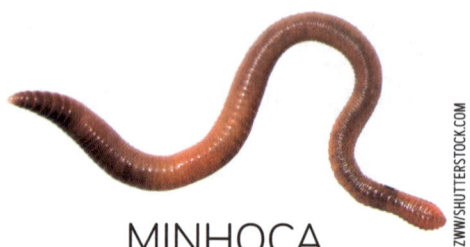

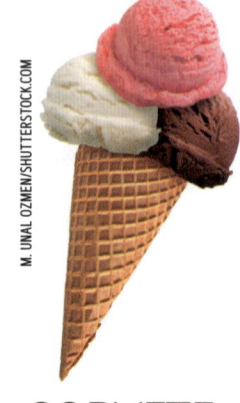

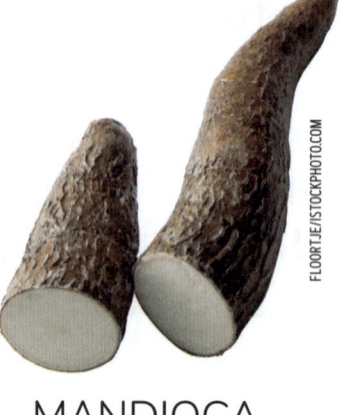

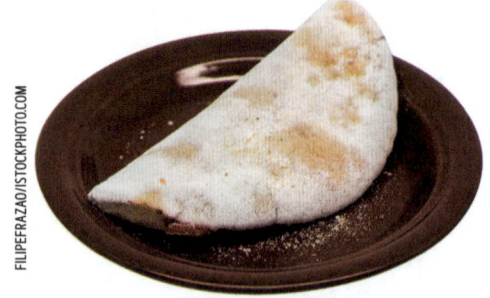

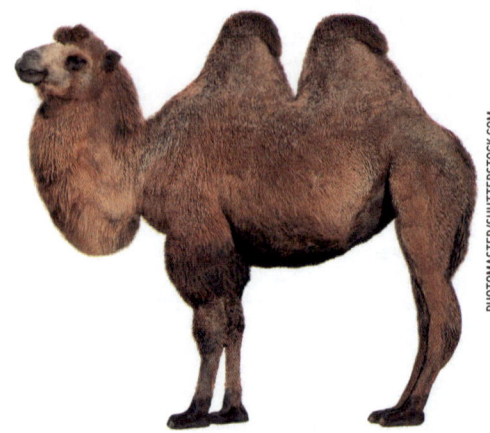

CAMELO

- Você sabe o que é rima?
  Observe as imagens e leia as palavras com o professor.
- Em quais delas o som final é igual ao da palavra **MANDIOCA**?
  Ligue a mandioca às imagens cujos nomes rimam com o dela.

▶ UMA PALAVRA PUXA OUTRA

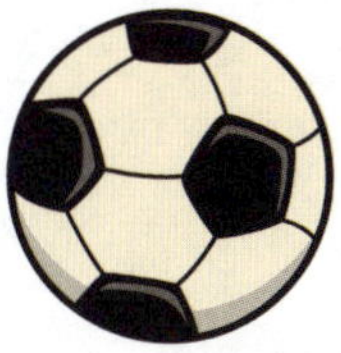

BOLA → 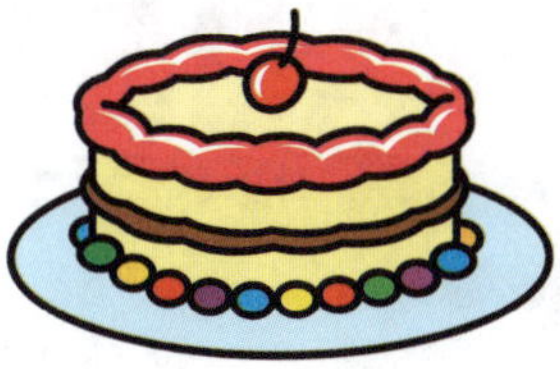 BOL____   E   O

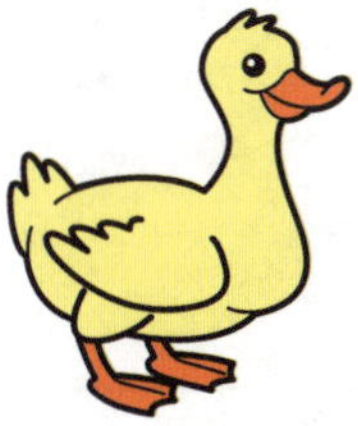

PATO → 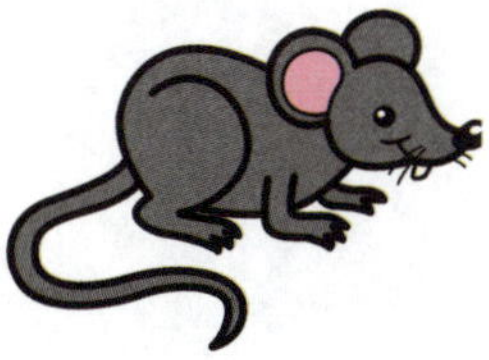 ____ATO   R   B

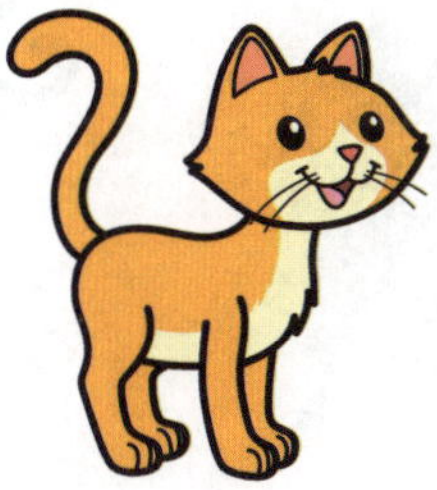

GATO → 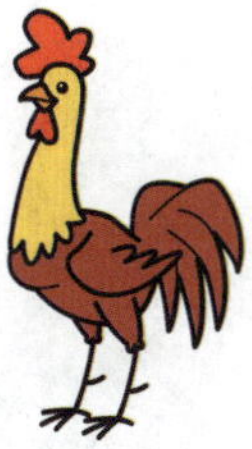 GA____O   F   L

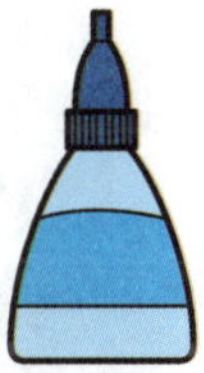

COLA → 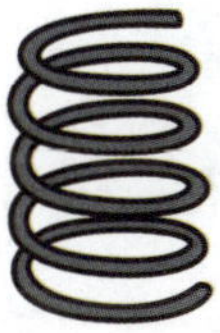 ____OLA   M   D

▼ Você sabia que trocando apenas uma letra formamos uma nova palavra?

Leia as palavras com o professor. Depois, pinte a letra que falta e copie-a para completar as palavras.

▼ Quais letras você trocou para formar cada palavra?

UNIDADE 2
QUEM CANTA SEUS MALES ESPANTA!

- O que as crianças estão fazendo?
- Você gosta de cantar?
  Observe a imagem e cante com o professor as cantigas populares que estão na página 387 do encarte.
  Depois, destaque e cole uma delas para completar a cena.
- Qual música você escolheu?
  Forme um grupo com os colegas que escolheram a mesma música que você e prepare uma apresentação musical para os colegas e o professor.

▶ CANTE E REQUEBRE!

VAI ABÓBORA

VAI ABÓBORA, VAI MELÃO
VAI MELÃO, VAI MELANCIA
VAI JAMBO, SINHÁ, VAI JAMBO, SINHÁ
VAI JAMBO, SINHÁ MARIA.

QUEM QUISER APRENDER A DANÇAR
VAI À CASA DO JUQUINHA:
ELE PULA, ELE DANÇA,
ELE FAZ REQUEBRADINHA.

CANTIGA.

MELÃO	SINHÁ
MELANCIA	MAMÃO
MARIA	REQUEBRADINHA
JUQUINHA	MARACUJÁ

▼ Você conhece a cantiga **Vai abóbora**? Cante-a com o professor e acompanhe a letra.
▼ Que frutas são citadas?
▼ Onde é possível aprender a dançar?
 Leia as palavras dos quadros com o professor e pinte da mesma cor as palavras que rimam. Depois, faça um desenho ao lado da cantiga para ilustrá-la.

▶ QUAL É A MÚSICA?

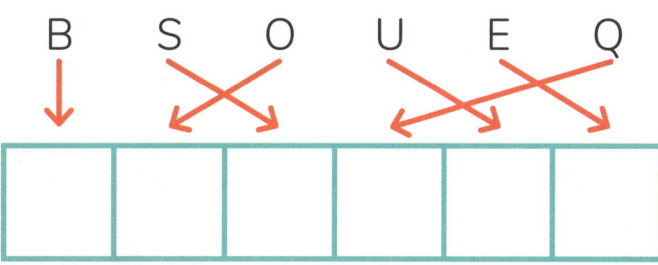

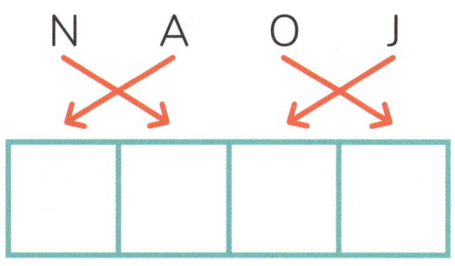

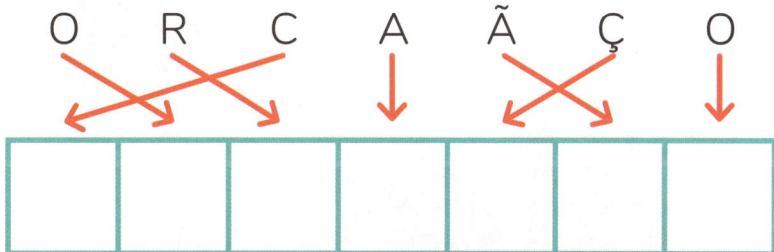

▼ Você conhece outras cantigas de roda? Desembaralhe as letras e forme três palavras.
▼ Você conhece alguma cantiga que tenha essas palavras?
Veja na próxima atividade qual é a cantiga.

QUE RUA É ESSA?

NESTA RUA

NESTA RUA, NESTA RUA
TEM UM BOSQUE
QUE SE CHAMA, QUE SE CHAMA
SOLIDÃO
DENTRO DELE, DENTRO DELE
MORA UM ANJO
QUE ROUBOU, QUE ROUBOU
MEU CORAÇÃO.

SE EU ROUBEI, SE EU ROUBEI
TEU CORAÇÃO,
TU ROUBASTE, TU ROUBASTE
O MEU TAMBÉM.
SE EU ROUBEI, SE EU ROUBEI
TEU CORAÇÃO,
É PORQUE, É PORQUE
TE QUERO BEM!

CANTIGA.

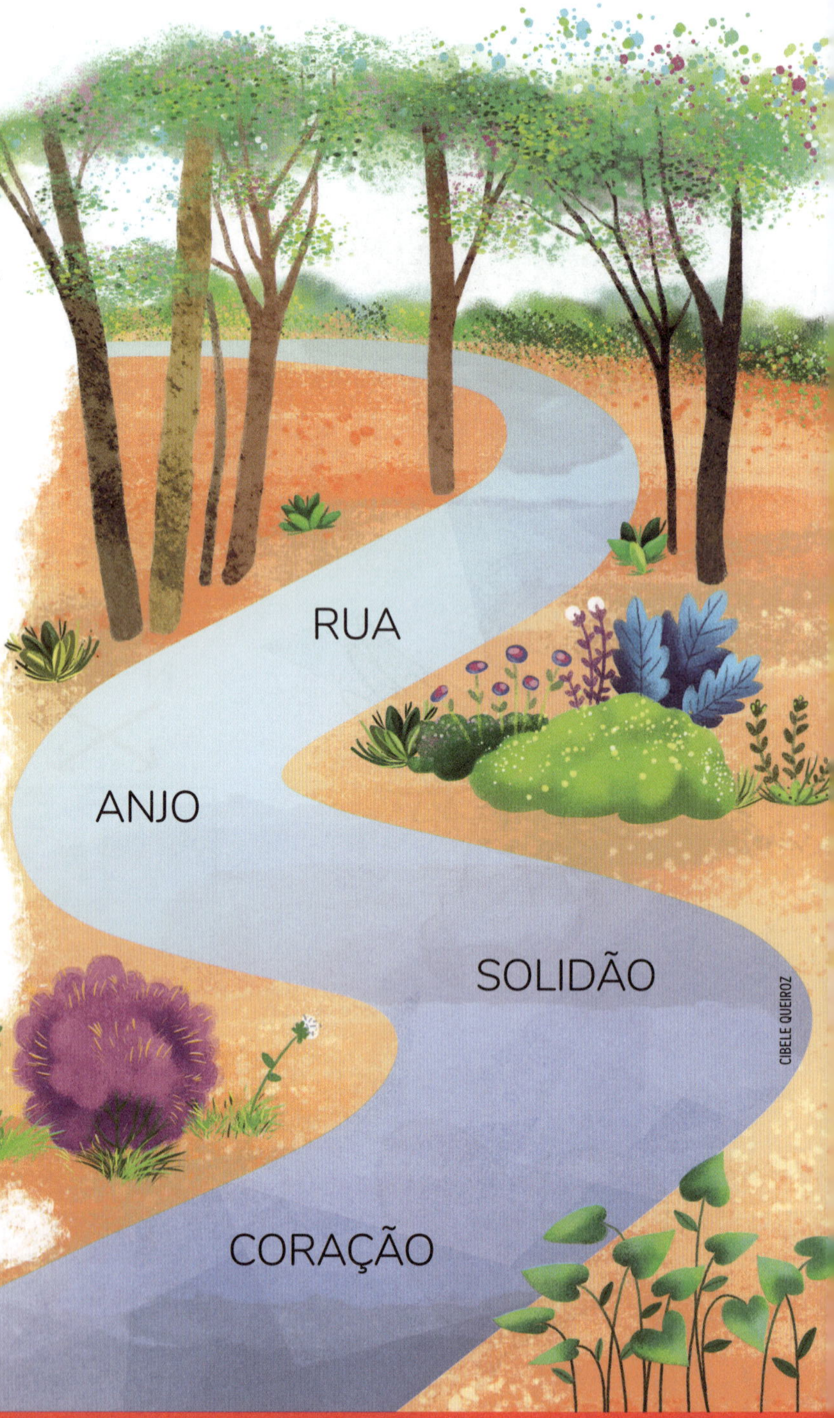

▼ Você já conhecia essa cantiga? Conseguiu descobri-la pelas palavras da atividade anterior?
Cante-a com os colegas e o professor fazendo gestos. Depois, observe a ilustração, encontre no caminho da rua duas palavras que rimam e circule-as.

UMA HISTÓRIA CANTADA

A TARTARUGUINHA

OUVI CONTAR UMA HISTÓRIA,
UMA HISTÓRIA ENGRAÇADINHA,
DA TARTARUGUINHA,
DA TARTARUGUINHA.
HOUVE UMA FESTA LÁ NO CÉU,
MAS O CÉU ERA DISTANTE
E A TARTARUGUINHA VIAJOU
NA ORELHA DO ELEFANTE.

QUANDO A FESTA TERMINOU
A BICHARADA SE MANDOU
QUEM VIU A TARTARUGUINHA,
QUEM VIU?
LÁ DO CÉU ELA CAIU.

SÃO PEDRO O CÉU VARREU
E DA POBREZINHA SE ESQUECEU!
ELA DISSE:

— EU QUEBREI TODA!
MEU CORPINHO ESTÁ DE FORA.
COMO É QUE EU VOU FAZER, PAI DO CÉU,
COMO VOU VIVER AGORA?

PAI DO CÉU JUNTOU OS CAQUINHOS
COLOU...
MAIS BONITA ELA FICOU!

CIBELE QUEIROZ

EDITH SERRA. **A TARTARUGUINHA**. DISPONÍVEL EM: HTTPS://RADIOS.EBC.COM.BR/BIBI-VEM-HISTORIA-AI/2019/08/OUCA-CANCAO-TARTARUGUINHA. ACESSO EM: 13 MAR. 2023.

Ouça a história cantada pelo professor e descubra o que aconteceu com a tartaruguinha.

Depois, cante a cantiga fazendo gestos de acordo com a história.

▼ Você conhece outras palavras que iniciam com a mesma letra da palavra **TARTARUGUINHA**?

Escreva-as em uma folha à parte.

▶ A HISTÓRIA DA TARTARUGUINHA

1

2

3

4

▼ Você se lembra da história da tartaruguinha?
Em cada quadro, faça um desenho para contar a história dela. Se quiser, você também pode escrevê-la como souber.

▶ **COM QUE LETRA COMEÇA?**

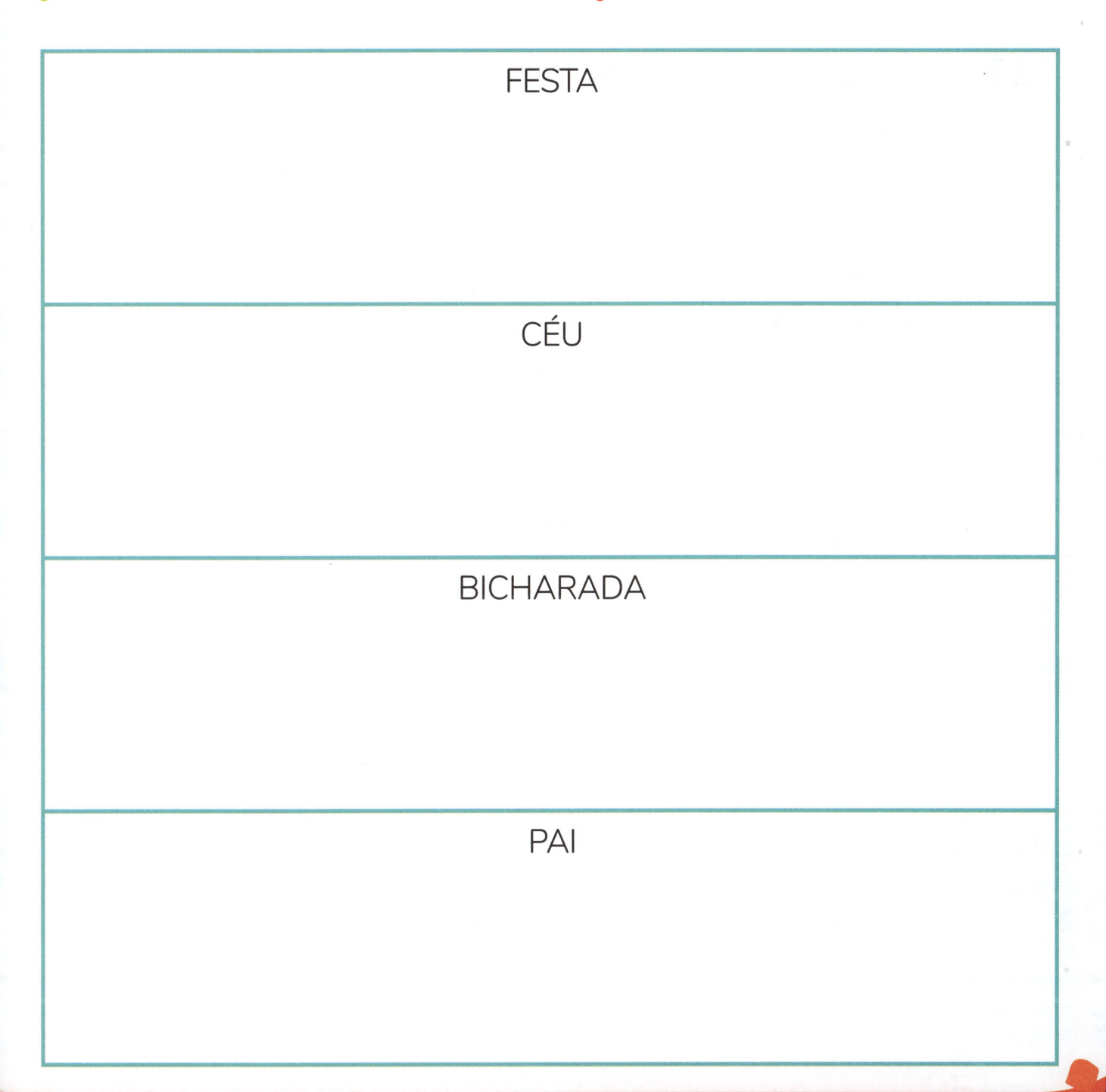

FESTA
CÉU
BICHARADA
PAI

▼ Quais são as letras iniciais dessas palavras? Leia-as com o professor. Depois, destaque as figuras da página 413 do encarte, classifique-as de acordo com a letra inicial e cole-as nos quadros correspondentes.

▶ CANTE E BRINQUE

CIRANDA, CIRANDINHA

CIRANDA, CIRANDINHA,
VAMOS TODOS CIRANDAR.
VAMOS DAR A MEIA-VOLTA,
VOLTA E MEIA VAMOS DAR.
O ANEL QUE TU ME DESTE
ERA VIDRO E SE QUEBROU,
O AMOR QUE TU ME TINHAS
ERA POUCO E SE ACABOU.
POR ISSO, (NOME DA CRIANÇA),
FAZ FAVOR DE ENTRAR NA RODA.
DIGA UM VERSO BEM BONITO,
DIGA ADEUS E VÁ EMBORA.

CANTIGA.

CIRANDA

▼ Você já brincou de "Ciranda, cirandinha"?
Com a ajuda do professor, aprenda alguns versos e brinque de roda com os colegas.
▼ Com que letra começa a palavra **CIRANDA**?
Escreva no quadro outras palavras que começam com essa letra.

CADA LINHA, UM VERSO

1. VOCÊ ME MANDOU CANTAR,
2. PENSANDO QUE EU NÃO SABIA,
3. **POIS EU SOU QUE NEM CIGARRA**,
4. CANTO SEMPRE TODO DIA.

1. AS ESTRELAS NASCEM NO CÉU,
2. **OS PEIXES NASCEM NO MAR,**
3. EU NASCI AQUI NESTE MUNDO
4. SOMENTE PARA TE AMAR!

1. **CHOVE, CHUVA MIUDINHA,**
2. NA COPA DO MEU CHAPÉU
3. ANTES UM BOM CHUVISQUINHO,
4. DO QUE CASTIGO DO CÉU.

QUADRINHAS.

▼ Você sabia que cada linha da quadrinha é chamada de **verso**?
Acompanhe a leitura das quadrinhas com o professor. Depois, conte quantos versos elas têm e faça um desenho para representar o verso destacado de cada quadrinha.

BRINCANDO DE RIMAR

VOCÊ ME MANDOU CANTAR,
PENSANDO QUE EU NÃO SABIA,
POIS EU SOU QUE NEM CIGARRA,
CANTO SEMPRE TODO DIA.

QUADRINHA.

VOCÊ ME MANDOU FALAR,
PENSANDO QUE EU NÃO CONSEGUIRIA,
POIS EU SOU QUE NEM PAPAGAIO,

MANIA

FALO DE TUDO COM _____.

VOCÊ ME MANDOU ESTUDAR,
PENSANDO QUE EU SÓ BRINCARIA,
POIS EU SOU RESPONSÁVEL,

ENERGIA

ESTUDAR PRA MIM VIROU _____.

VOCÊ ME MANDOU BRINCAR,
PENSANDO QUE EU CANSARIA,
POIS EU SOU FORTE O BASTANTE,

ALEGRIA

TENHO MUITA _____.

▼ Você percebeu que as quadrinhas têm rimas?
Leia com o professor a primeira quadrinha e identifique as palavras que rimam. Depois, leia as outras quadrinhas e complete-as com as palavras que rimam de acordo com as cores indicadas.

▶ TREINANDO A ESCRITA

EU SOU PEQUENINA
DO TAMANHO DE UM BOTÃO.
CARREGO PAPAI NO BOLSO
E MAMÃE NO CORAÇÃO.

QUADRINHA.

- Acompanhe a leitura da quadrinha e circule as palavras que rimam.
- ▼ Como essas palavras terminam?
- Destaque da página 385 do encarte as figuras cujos nomes rimam com as palavras circuladas na quadrinha. Cole-as nos quadros acima e escreva como souber o nome delas.

OS SONS DA MÚSICA

PAI FRANCISCO

PAI FRANCISCO ENTROU NA RODA
TOCANDO SEU VIOLÃO:
BAM RAM RAM BAM BAM.
VEM DE LÁ SEU DELEGADO
E O PAI FRANCISCO FOI PRA PRISÃO.
COMO ELE VEM TODO REQUEBRADO
PARECE UM BONECO DESENGONÇADO.

CANTIGA.

P	B	R	Y	B	U	Z	B	T	N
W	V	I	O	L	A	H	K	X	O
X	R	S	E	L	W	S	T	O	G
M	E	V	I	O	L	I	N	O	H
E	V	J	H	K	D	B	W	W	K
V	I	O	L	O	N	C	E	L	O

Cante a cantiga com o professor e faça gestos para representá-la.
▼ Qual instrumento Pai Francisco toca?
▼ Qual é a letra inicial da palavra **VIOLÃO**?
▼ Você conhece outros instrumentos cujo nome começa com a letra **V**?
Encontre e pinte no diagrama o nome de três instrumentos que começam com **V**.

▶ # LÁ VEM O TREM

O TREM DE FERRO

O TREM DE FERRO
QUANDO SAI DE PERNAMBUCO
VAI FAZENDO TCHUCO-TCHUCO
ATÉ CHEGAR AO CEARÁ.
REBOLA PAI,
REBOLA MÃE, **REBOLA** FILHA,
EU TAMBÉM SOU DA FAMÍLIA,
TAMBÉM QUERO REBOLAR.

CANTIGA.

Cante a cantiga dançando e fazendo gestos.
▼ O que a cantiga pede que se faça?
Com o alfabeto móvel, escreva a palavra **REBOLA** e descubra outra palavra dentro dela. Depois, escreva a palavra que você descobriu e faça um desenho para representá-la.

PALAVRA DENTRO DE PALAVRA

SACOLA

TUCANO

LUVA

FIVELA

CASA

SERPENTE

Na página anterior, você encontrou uma palavra dentro da palavra **REBOLA**.

Leia as palavras e encontre outras palavras dentro delas. Depois, ligue-as às imagens correspondentes.

▼ Que palavras você descobriu?

Leia-as com os colegas e o professor.

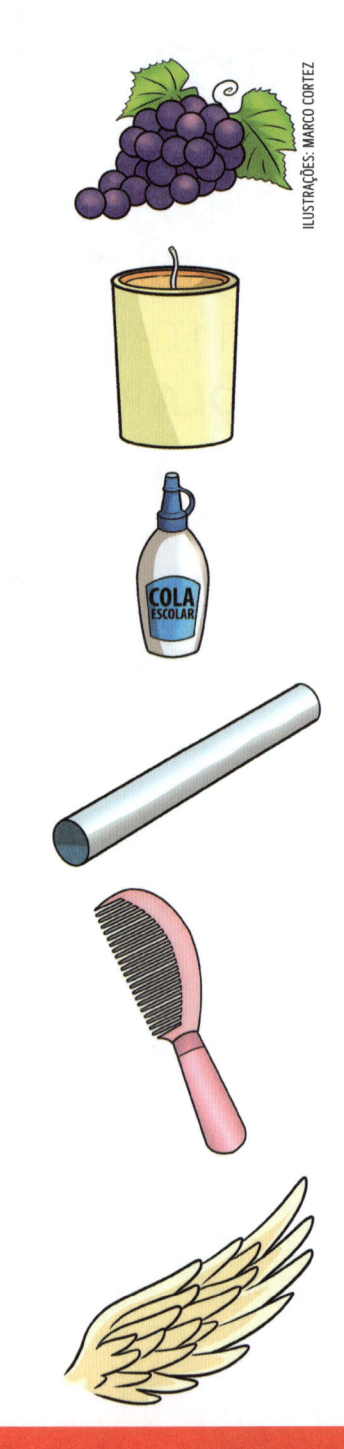

TAREFA PARA CASA 2

O SOM DOS INSTRUMENTOS

A LOJA DO MESTRE ANDRÉ

FOI NA LOJA DO MESTRE ANDRÉ
QUE EU COMPREI UMA CORNETINHA
FOM, FOM, FOM, UMA CORNETINHA
TUM, TUM, TUM, UM TAMBORZINHO
FLU, FLU, FLU, UMA FLAUTINHA
DÃO, DÃO, DÃO, UM VIOLÃO
PLIM, PLIM, PLIM, UM PIANINHO
AI, OLÉ, AI, OLÉ
FOI NA LOJA DO MESTRE ANDRÉ.

CANTIGA.

SE LIGUE NA REDE

Os sons estão em toda parte: na natureza, nas coisas do dia a dia, no nosso corpo. Que tal explorar os sons ao redor? Acesse o endereço a seguir e aprenda uma canção que fala de diversos sons.

▼ www.youtube.com/watch?v=V4A0l1V2FRE (acesso em: 13 mar. 2023).

ILUSTRAÇÕES: MARCO CORTEZ

| TUM TUM TUM | DÃO DÃO DÃO | PLIM PLIM PLIM |

| FOM FOM FOM | FLU FLU FLU |

Cante a cantiga e imite os sons dos instrumentos. Depois, ligue cada instrumento ao som que ele faz na cantiga.

NOVAS PALAVRAS

ILUSTRAÇÕES: MARCO CORTEZ

PIANO

VIOLÃO

CORNETA

▼ Você se lembra dos instrumentos musicais da loja do mestre André?

▼ Sabia que, com as letras que formam o nome deles, é possível formar outras palavras?

Com o alfabeto móvel, escreva o nome dos instrumentos acima. Depois, reorganize as letras para formar três novas palavras e copie-as nas linhas. Dica: você pode repetir as letras.

VAMOS FAZER BARULHO

ESCRAVOS DE JÓ

ESCRAVOS DE JÓ
JOGAVAM CAXANGÁ
TIRA, BOTA,
DEIXA FICAR.

GUERREIROS COM GUERREIROS
FAZEM ZIGUE, ZIGUE, ZÁ.
GUERREIROS COM GUERREIROS
FAZEM ZIGUE, ZIGUE, ZÁ.

CANTIGA.

ILUSTRAÇÕES: CLAUDIA MARIANNO

Cante a cantiga e a acompanhe com instrumentos musicais feitos de diferentes materiais: caixas, latinhas, grãos etc.
▼ Que sons você conseguiu produzir?
Depois, observe as imagens.
▼ Que sons esses materiais podem produzir?
Escreva nas linhas como você imagina que seja cada som.

▶ QUANTOS INSTRUMENTOS!

▼ Você conhece o personagem Chico Bento?
  Observe a capa do gibi.
▼ Quem são os personagens? O que eles estão fazendo?
  Escreva como souber o nome dos instrumentos que os personagens estão tocando.

COMO SERÁ A HISTÓRIA?

▼ Quem é o personagem principal da capa da página anterior?
▼ Como é possível saber disso?

Com os colegas, produza um texto com base na capa do gibi do Chico Bento. Depois de pronto, cole uma cópia da história no quadro acima.

UNIDADE 3
TEM BICHO? TEM!

Observe as cenas. Depois, destaque as figuras da página 389 do encarte e cole-as para completá-las.

- Que animais você colou?
- Quais deles podem conviver com os seres humanos?
- Você já visitou um zoológico?
- Que animais você viu lá? Comente com os colegas e o professor.

FERNANDA MONTEIRO

51

ANIMAIS DE ESTIMAÇÃO

EU TENHO/GOSTARIA DE TER...

Observe as imagens e escreva como souber o nome desses animais de estimação.
▼ Você tem um animal de estimação?
▼ Se não tem, qual gostaria de ter?
Escreva, como souber, o nome do animal que você tem ou gostaria de ter.

▶ CONHECER E CUIDAR

VOCÊ SABIA QUE OS ANIMAIS SÃO SERES VIVOS E PRECISAM DE CUIDADOS?

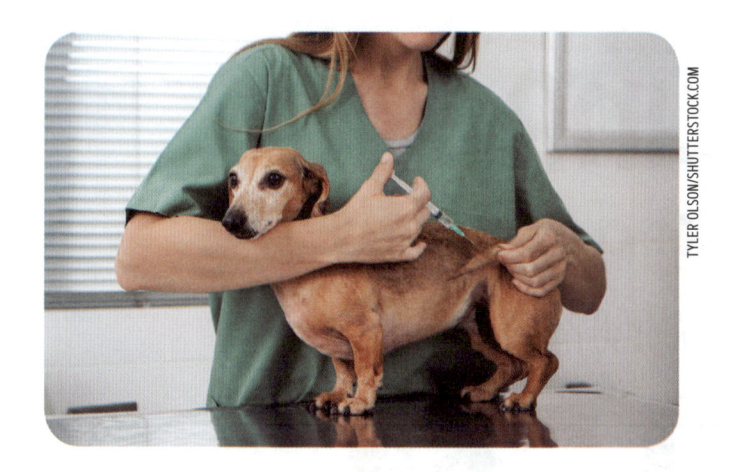

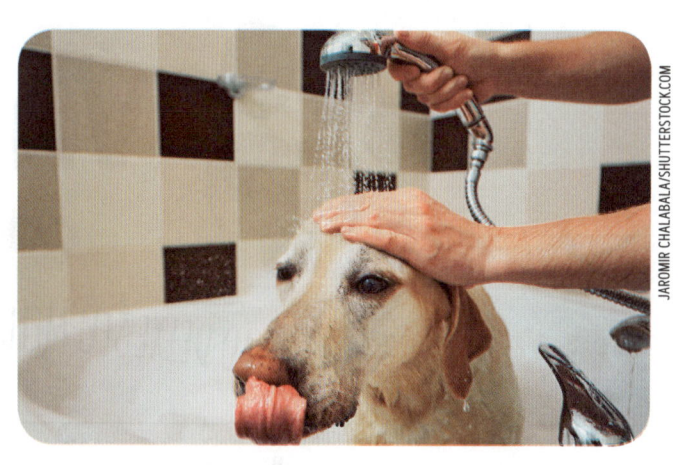

▼ Você sabe quais cuidados básicos devemos ter com os animais de estimação?
Observe as imagens, diga em voz alta quais cuidados os animais estão recebendo e escreva-os nos quadros da maneira que souber.

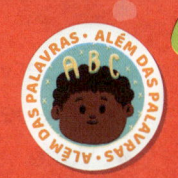

53

▶ VACINAR É PRECISO

Campanha de VACINAÇÃO contra a raiva

NÃO DEIXE SEU MELHOR AMIGO PASSAR RAIVA.

APRESENTAÇÃO OBRIGATÓRIA: CARTÃO DE VACINAÇÃO ANIMAL

CÃES E GATOS ACIMA DE TRÊS MESES DE IDADE

PREFEITURA DE JATAÍ — CONECTADA COM O FUTURO

PREFEITURA MUNICIPAL DE JATAÍ (GO)
COMUNICAÇÃO / PMJ

Observe a imagem e ouça a leitura do professor.
▼ Do que trata o cartaz?
▼ Você sabe o que é uma campanha de vacinação?
▼ De acordo com o cartaz, quem é o amigo que não pode passar raiva?
Escreva a palavra **AMIGO** usando as letras móveis do alfabeto. Depois, troque a letra **O** pela letra **A**.
▼ Que palavra você formou? Copie-a no quadro.

ANOTAR PARA NÃO ESQUECER

CÃES E GATOS PRECISAM SER VACINADOS CONTRA A RAIVA ANUALMENTE.

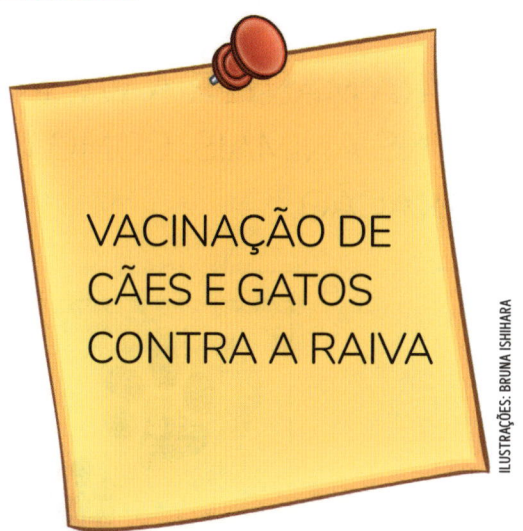

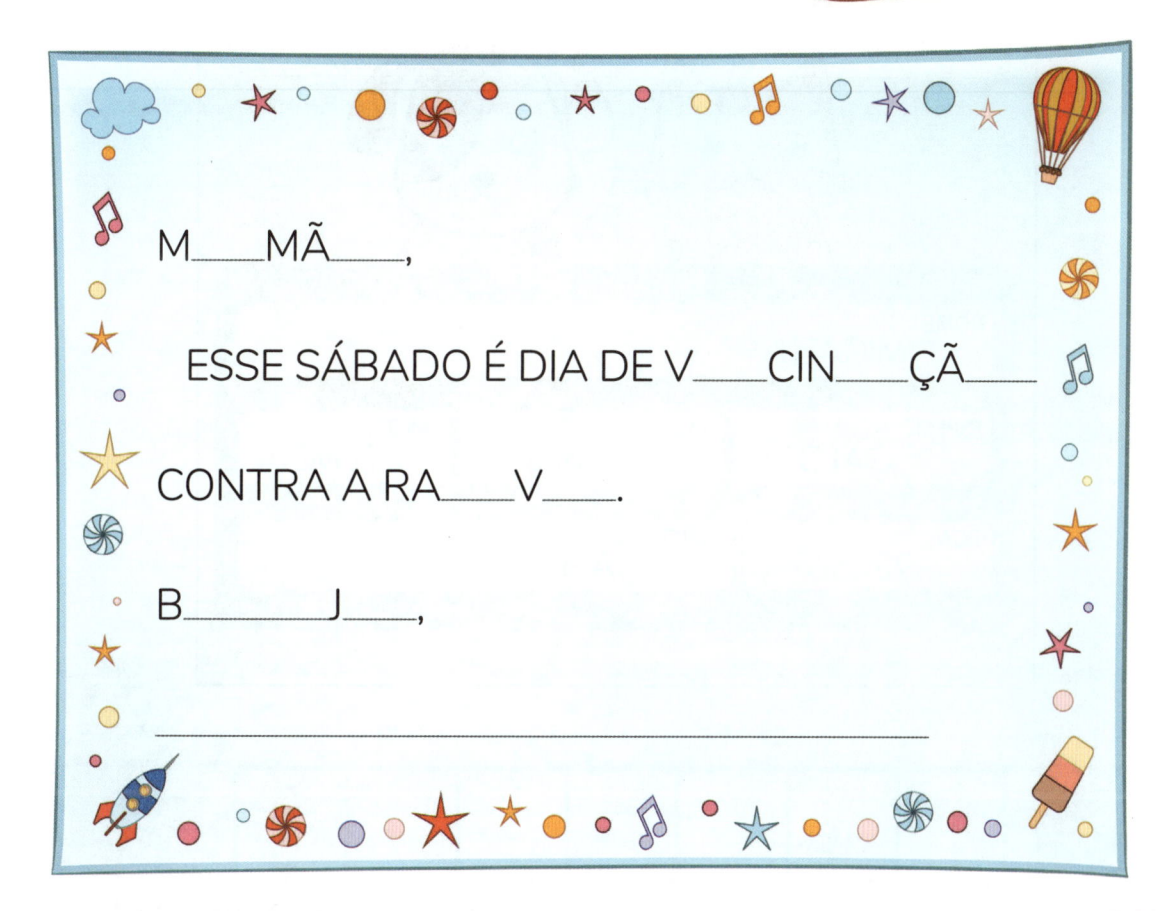

VACINAÇÃO DE CÃES E GATOS CONTRA A RAIVA

ILUSTRAÇÕES: BRUNA ISHIHARA

M____MÃ____,

ESSE SÁBADO É DIA DE V____CIN____ÇÃ____

CONTRA A RA____V____.

B____J____,

_____

Acompanhe a leitura do professor.
▼ Você sabe o que é **raiva**?
Converse com os colegas e o professor sobre o assunto.
▼ O que você deve fazer para não se esquecer de vacinar seu animal de estimação?
Complete o bilhete com as letras que faltam para lembrar sua mãe. Depois, assine-o.

▶ TUDO ANOTADO

PARA MANTER A VACINAÇÃO EM DIA E PREVENIR DOENÇAS, ALGUNS ANIMAIS, COMO CÃES E GATOS, TÊM CADERNETA DE VACINAÇÃO.

Caderneta de vacinação

NOME: MICAELA
ESPÉCIE: GATO
RAÇA: SIAMÊS
SEXO: FÊMEA
RGA: 934567
TUTOR: JANE

▼ Você sabia que os animais também podem ter caderneta de vacinação? Observe essa caderneta de vacinação.
▼ A que animal a caderneta pertence?
▼ Como é o nome dele?
Localize o nome do animal na caderneta e copie-o nos quadrinhos.

ALTERANDO LETRAS

GATO

P	
M	
T	
R	

▼ Que animal é esse?
 Leia o nome dele e monte-o com o alfabeto móvel.
▼ Qual é a primeira letra dessa palavra?
 Monte palavras trocando a primeira letra pelas letras sugeridas acima. Depois, copie-as nos quadros.
▼ Que palavras você formou? Leia-as.

SER CIDADÃO

CACHORRO NÃO É BRINQUEDO.

SENTE **FOME, FRIO** E **MEDO.**

abandono de animais é crime

Adote e dê uma nova chance a um cão abandonado.

www.CAOPANHEIROCURITIBA.com.br

CÃOPANHEIRO CURITIBA. DISPONÍVEL EM: HTTP://WWW.CAOPANHEIROCURITIBA.COM.BR. ACESSO EM: 1 JUN. 2023.

Observe a imagem e ouça a leitura do professor.
▼ Do que trata o cartaz?

Com os colegas, elabore um cartaz para conscientizar as pessoas sobre o abandono de animais. Crie um título e faça um desenho para ilustrá-lo.

▶ QUE BICHO É?

SOU UM GRANDE AMIGO,
ABANO O RABO DE CONTENTE.
MAS QUANDO NÃO GOSTO,
COMEÇO A LATIR ESTRIDENTE.
QUEM SOU EU?

SOU MUITO PEQUENINO,
GOSTO MUITO DE ROER.
O GATO É MEU INIMIGO,
DELE DEVO CORRER.
QUEM SOU EU?

CI-CI-CI-CI
É O MEU CANTAR.
TENHO A FORMIGA
SEMPRE A ME RECRIMINAR.
QUEM SOU EU?

ADIVINHAS.

Acompanhe a leitura do professor e descubra as respostas das adivinhas. Depois, desenhe a resposta nos quadros e escreva-as como souber.
▼ Você conhece alguma adivinha? Conte-a para os colegas.

▶ **HORA DO DESAFIO!**

_____
_____
_____
_____

▼ Vamos brincar de inventar adivinhas?
   Escolha um animal, invente uma adivinha e escreva-a como souber. Depois, faça um desenho que represente a resposta da sua adivinha.
   Conte sua adivinha para um colega e desafie-o a adivinhar a resposta.

ADIVINHA ENROLADA

QUAL ANIMAL LEVA SUA CASA NAS COSTAS?

EDUARDO BELMIRO

Observe a imagem e leia com a ajuda do professor a adivinha enrolada no casco.

▼ Que animal é esse?

Cubra o tracejado e pinte o caracol. Depois, escreva no quadro o nome dele da maneira que souber.

▼ Quantas letras tem a palavra **CARACOL**?

▶ QUE SOM É ESSE?

▼ Você já conhece as letras do alfabeto?
▼ Você se lembra da resposta da adivinha da página anterior? Diga-a em voz alta.
▼ Qual é o som inicial da palavra **CARACOL**?
  Recorte de revistas ou jornais palavras que tenham o mesmo som inicial da palavra **CARACOL** e cole-as acima.

▶ **VAMOS JOGAR?**

▼ Você sabe jogar **STOP**?

O professor sorteará uma letra. Escreva-a na parte de cima do quadro e, logo abaixo, desenhe um animal cujo nome começa com essa letra. Quando terminar o desenho, diga **STOP**.

Depois, troque de livro com um colega e veja os desenhos que ele fez.

▼ Que animais vocês desenharam?

TRILHA DOS BICHOS DO ZOO

O ZOOLÓGICO É, AO MESMO TEMPO, UM LUGAR PARA APRENDER E SE DIVERTIR.

1. _____
2. _____
3. _____
4. _____
5. _____
6. _____
7. _____
8. _____
9. _____
10. _____

▼ Você já visitou um zoológico?
▼ Que bichos podemos encontrar em um zoológico?
   Observe as figuras dos bichos, identifique-os e escreva o nome deles da maneira que souber.
▼ O que podemos aprender visitando um zoológico?

TAREFA PARA CASA 3

▶ É NOTÍCIA

ZOOLÓGICO DE SÃO PAULO REGISTRA NASCIMENTO DE CHIMPANZÉ, ESPÉCIE EM PERIGO DE EXTINÇÃO

EM 19 DE DEZEMBRO DE 2019, FOMOS AGRACIADOS COM O NASCIMENTO DE UM CHIMPANZÉ [...], ESPÉCIE ORIGINÁRIA DO CONTINENTE AFRICANO E CLASSIFICADA COMO EM "PERIGO DE EXTINÇÃO" [...] DEVIDO À CONTÍNUA DESTRUIÇÃO DE SEU HÁBITAT, CAÇA FURTIVA, ENTRE OUTROS FATORES. [...]

CHIMPANZÉ COM FILHOTE.

ZOOLÓGICO DE SÃO PAULO REGISTRA [...]. IN: **ZOOLÓGICO DE SÃO PAULO**. SÃO PAULO, 17 JAN. 2020. DISPONÍVEL EM: WWW.ZOOLOGICO.COM.BR/NOTICIAS/ZOOLOGICO-DE-SAO-PAULO-REGISTRA-NASCIMENTO-DE-CHIMPANZE-ESPECIE-EM-PERIGO-DE-EXTINCAO/. ACESSO EM: 13 MAR. 2023.

1. QUE ANIMAL NASCEU NO ZOOLÓGICO DE SÃO PAULO?

◯ TIGRE.   ◯ CHIMPANZÉ.

2. EM QUE MÊS ELE NASCEU?

◯ DEZEMBRO.   ◯ ABRIL.

Acompanhe a leitura da notícia do Zoológico de São Paulo com o professor. Depois, pinte os quadrinhos para responder às perguntas.

▼ Você sabe o que significa "perigo de extinção"?

Comente com os colegas e o professor o que você achou mais interessante dessa notícia.

UNIDADE 4

OS MISTÉRIOS DO MAR

Observe a imagem.
- Que lugar é esse?
- Que seres vivos moram nesse lugar?

Destaque da página 391 do encarte alguns animais que vivem nesse ambiente e cole-os para completar a cena.

- Que animais você colou? Diga em voz alta o nome deles.

QUEM MORA NO MAR?

MAR

NO MAR,
TEM SIRI E OSTRA,
MARISCO E LAGOSTA,
BICHOS BONITOS,
BICHOS ESQUISITOS.

O MAR
É LINDO E GOZADO.
A GENTE ENTRA DOCE
E SAI SALGADO.

LALAU E LAURABEATRIZ. **ZUM-ZUM-ZUM E OUTRAS POESIAS**.
SÃO PAULO: COMPANHIA DAS LETRINHAS, 2013.

▼ Que animais vivem no fundo do mar?

Acompanhe a leitura do professor. Depois, circule no texto o nome de três animais que vivem no mar e copie no quadrinho a primeira letra do nome de cada um.

Por fim, escreva outra palavra que começa com essas mesmas letras.

▼ Que palavras você escreveu?

Leia-as para os colegas e o professor.

QUE SOM É ESSE?

É LINDO E **GOZADO**.
A GENTE ENTRA DOCE
E SAI **SALGADO**.

LALAU E LAURA BEATRIZ. **BEM-TE-VI E OUTRAS POESIAS**. SÃO PAULO: COMPANHIA DAS LETRINHAS, 2010. P. 11.

SOLDADO

CADEADO

GATO

DADO

BARCO

VEADO

Releia esse trecho do texto em voz alta.
▼ O que as palavras destacadas nele têm em comum?
Observe as palavras e pinte as partes que terminam com o mesmo som das palavras destacadas no texto.
▼ Todas as palavras foram pintadas?
Depois, ligue as palavras às imagens correspondentes e circule apenas as que rimam com **GOZADO** e **SALGADO**.

▶ É PEIXE OU NÃO É?

BALEIAS NÃO SÃO PEIXES, SÃO MAMÍFEROS QUE VIVEM NA ÁGUA. ELAS RESPIRAM FORA DA ÁGUA POR MEIO DE DUAS ABERTURAS QUE TÊM NA CABEÇA.

A BALEIA-AZUL É O MAIOR ANIMAL DO PLANETA: CHEGA A MEDIR 30 METROS DE COMPRIMENTO E SE ALIMENTA DE PEQUENOS PEIXES.

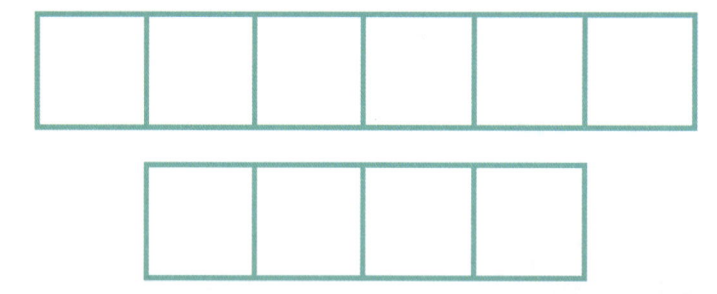

▼ O que você sabe sobre as baleias?

Acompanhe a leitura do professor. Depois, complete os quadrinhos para escrever a palavra **BALEIA**.

▼ Você consegue identificar uma palavra escondida na palavra **BALEIA**?

Retire as duas primeiras letras e forme outra palavra.

▼ Que palavra você formou?

ARTE EM DOBRAR PAPEL

▼ Vamos fazer uma baleia de papel?

Destaque da página 415 do encarte o papel para a dobradura, siga os passos para fazer a baleia e cole-a acima. Depois, molhe seu dedo na tinta **azul** e desenhe o mar para ela nadar. Por fim, dê um nome para sua baleia.

▶ QUE NOMES ELAS TÊM?

1. CACHALOTE

2. BELUGA

3. ORCA

4. JUBARTE

Existem diversas espécies de baleias.
▼ Vamos descobrir o nome de algumas delas?
Com a ajuda do professor, leia os nomes e complete o diagrama de palavras com as letras que faltam. Escreva uma letra em cada quadrinho e conte quantas letras tem cada palavra.

CONHECER PARA APRENDER

VOCÊ JÁ OUVIU FALAR DO **TUBARÃO--MARTELO**? ELE COSTUMA NADAR EM GRANDES CARDUMES E TEM ESSE NOME POR CAUSA DO FORMATO DA SUA CABEÇA QUE PARECE UM MARTELO. OS OLHOS E AS NARINAS DELE FICAM DOS DOIS LADOS DA CABEÇA.

TUBARÃO CABEÇA-CHATA	TUBARÃO-BRANCO
TUBARÃO-MARTELO	TUBARÃO-BALEIA

▼ Você conhece alguma espécie de tubarão?
Ouça a leitura do professor e observe a imagem. Depois, leia as palavras e pinte a que representa o nome do tubarão descrito no texto.
▼ O que você descobriu sobre esse animal?
▼ Por que ele tem esse nome?

▶ QUAL É O CAMINHO?

O TUBARÃO-MARTELO COSTUMA NADAR EM GRANDES CARDUMES.

PEIXE • MAPA • MARÉ • MAR • POLVO • MACA • ALGA • CONCHA

EDUARDO BELMIRO

▼ Você sabe o que é um cardume?
  Observe a cena e ajude o tubarão-martelo a chegar até seu cardume. Siga as placas cujas palavras começam com a mesma letra de **MARTELO**.
▼ Você sabe o significado dessas palavras?

TAREFA PARA CASA 4

PESQUE AS PALAVRAS

PIPOCA

TAPETE

BARATA

PANELA

PIPA

DADO

▼ Você conhece alguma música que fala do mar?
Cante com a turma as músicas que o professor vai ensinar. Acompanhe-as com gestos ou instrumentos musicais.

▼ Com que letra começa a palavra **PEIXE**?
Leia as palavras que estão dentro dos peixes e pinte apenas os peixes cujas palavras têm a letra **P** no começo ou no meio delas. Leia em voz alta as palavras que você pintou e copie-as em uma folha à parte.

▶ VAMOS VISITAR?

O AQUÁRIO DE PARANAGUÁ

[...] O AQUÁRIO DE PARANAGUÁ POSSUI MAIS DE 26 RECINTOS COM ANIMAIS DE DIVERSAS ESPÉCIES. EM SUA MAIORIA, SÃO ENCONTRADOS ANIMAIS DO LITORAL PARANAENSE, PORÉM, NA VISITA TAMBÉM É POSSÍVEL CONHECER ANIMAIS EXÓTICOS COMO O TUBARÃO-BAMBU, ENCONTRADO NA ÁSIA, DIVERSAS ESPÉCIES DE RAIAS E ATÉ JACARÉ!

O AQUÁRIO DE PARANAGUÁ. *IN*: **AQUÁRIO DE PARANAGUÁ**. PARANAGUÁ, [20--]. DISPONÍVEL EM: WWW.AQUARIODEPARANAGUA.ORG/O-AQU%C3%A1RIO. ACESSO EM: 16 MAR. 2023.

▼ Você já visitou um aquário? Gostaria de visitar?

Acompanhe a leitura do professor. Encontre o nome de três animais e circule-os.

Com os colegas e o professor, faça uma lista com nomes de outros animais que podem ser encontrados em um aquário.

▶ VOCÊ ESTÁ CONVIDADO!

CARNAVAL NO AQUÁRIO DE PARANAGUÁ

NA SEMANA DE CARNAVAL, VENHA CURTIR A FOLIA NO AQUÁRIO DE PARANAGUÁ! [...]

O AQUÁRIO FUNCIONA TODOS OS DIAS DA SEMANA, DAS 10H ÀS 17H30.

MORADORES DE TODO O LITORAL PARANAENSE PAGAM R$10,00 [...]. CRIANÇAS COM MENOS DE 5 ANOS NÃO PAGAM ENTRADA.

CARNAVAL NO AQUÁRIO DE PARANAGUÁ. IN: **AQUÁRIO DE PARANAGUÁ**. PARANAGUÁ, [20--]. DISPONÍVEL EM: WWW.AQUARIODEPARANAGUA.ORG/SINGLE-POST/2019/02/20/CARNAVAL-NO-AQU%C3%A1RIO-DE-PARANAGU%C3%A1. ACESSO EM: 16 MAR. 2023.

1. O AQUÁRIO FUNCIONA TODOS OS DIAS:

DA SEMANA   DO MÊS

2. MORADORES DO LITORAL PARANAENSE PAGAM:

R$ 15,00   R$ 10,00

3. CRIANÇAS COM MENOS DE 5 ANOS:

PAGAM R$ 5,00   NÃO PAGAM

Acompanhe a leitura do professor.
▼ Em que dias o aquário funciona?
▼ Qual é o valor dos ingressos?
Leia as frases com o professor e pinte as palavras que as completam corretamente.

TOQUE NO BICHO!

O AQUÁRIO DE PARANAGUÁ TEM UMA ATRAÇÃO MUITO INTERESSANTE: O TANQUE DE TOQUE. NELE É POSSÍVEL TOCAR ALGUNS ANIMAIS, COMO RAIAS-PREGO, ANÊMONAS, PEPINOS-DO-MAR E BOLACHAS-DA-PRAIA.

▼ Já pensou em tocar um animal marinho?
▼ Como você imagina que seja essa experiência?
　Acompanhe a leitura do professor e descubra uma atração do Aquário de Paranaguá.
　Depois, faça um desenho para representar o animal que você gostaria de tocar se fosse ao aquário e escreva o nome dele.

▶ HAJA IMAGINAÇÃO!

A ESCOLINHA DO MAR

A ESCOLA DE DONA OSTRA FICA LÁ NO FUNDO DO MAR. NESSA ESCOLA AS AULAS SÃO MUITO DIFERENTES.

[...] O DR. CAMARÃO, POR EXEMPLO, DÁ AULAS AOS PEIXINHOS MENORES [...].

RUTH ROCHA. **A ESCOLINHA DO MAR**. SÃO PAULO: SALAMANDRA, 2009. P. 5 E 6.

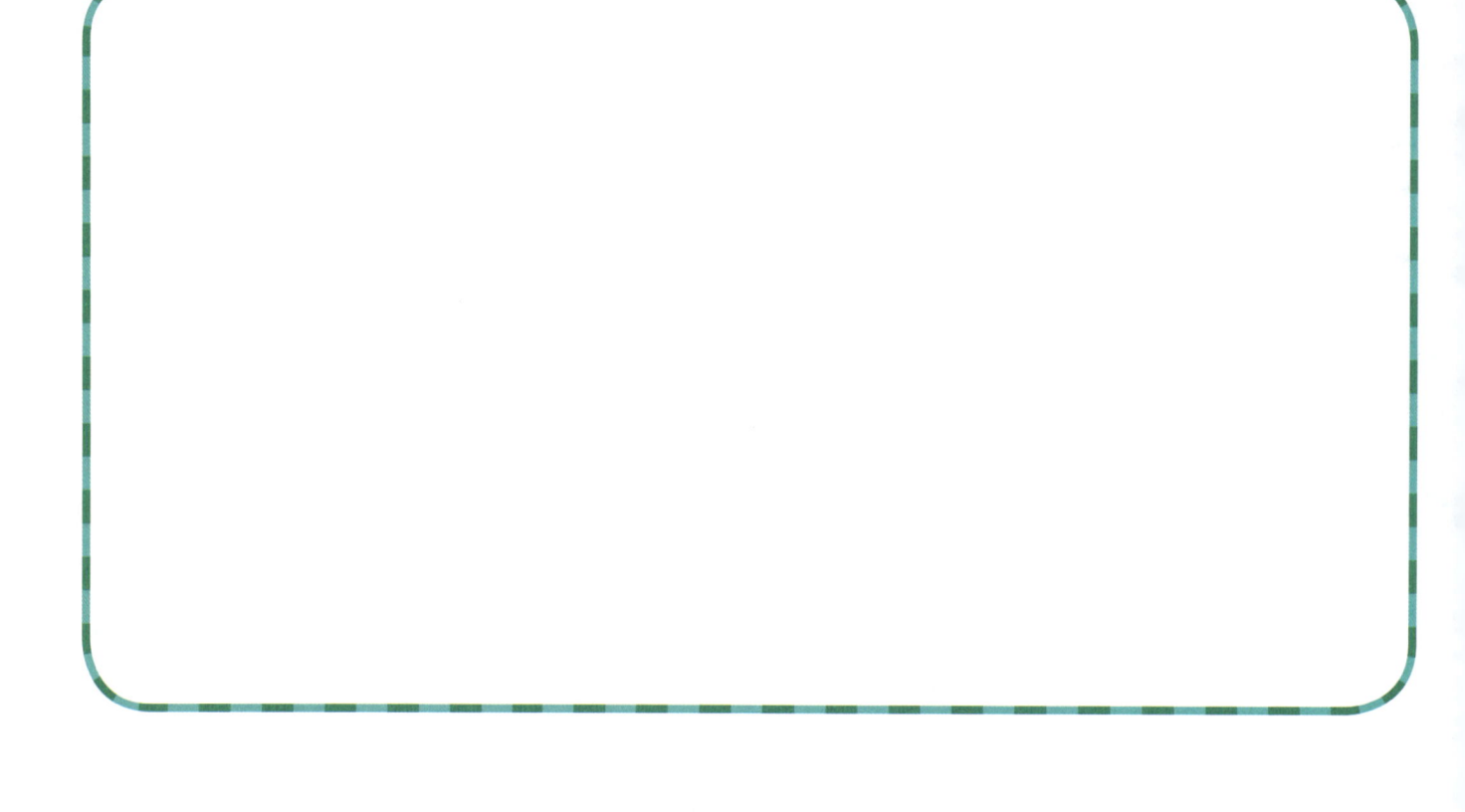

_____

_____

▼ Você já imaginou como seria uma escola no fundo do mar?

Acompanhe a leitura do professor e faça um desenho para representar a história.

Depois, com um colega, escreva dois nomes de animais marinhos que poderiam ser professores nessa escola. Solte a imaginação!

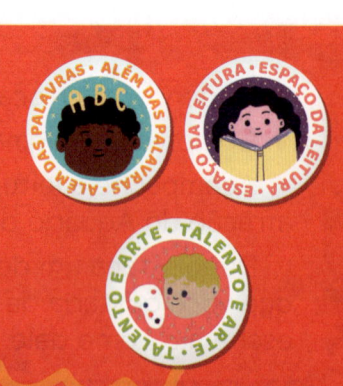

▶ AÍ VEM HISTÓRIA

A OSTRA

ELA ERA MUITO FECHADA,
MAS UM DIA, DISTRAÍDA,
PERMITIU QUE UM GRÃO DE AREIA
ENTRASSE NA SUA VIDA.
E COMO ELE NÃO SAÍSSE
E ELA O GRÃO NÃO CUSPISSE
PERMANECEU INVADIDA
[...]
O GRÃO QUE NÃO FOI EMBORA
MAS FICOU PRA INCOMODAR
E AOS POUCOS FOI TRANSFORMADO
NUMA PÉROLA EXEMPLAR
PRA ELA ERA SÓ CAROÇO,
POIS OSTRA NÃO TEM PESCOÇO
NÃO PRECISA DE COLAR.

MARIA AUGUSTA DE MEDEIROS. **JACARÉ COM JANELINHA QUEM JÁ VIU QUE ME APRESENTE! E OUTROS POEMAS**. SÃO PAULO: FORMATO EDITORIAL, 2009. P. 24.

▼ Você já ouviu falar de ostras?
▼ Sabe onde elas moram?
▼ O que você sabe sobre esse animal?

Acompanhe a leitura do professor e observe as palavras da lousa. Em seguida, pinte no texto as palavras **COLAR**, **AREIA**, **PÉROLA** e **CAROÇO**.

COMO ELAS SÃO?

QUANDO UM GRÃO DE AREIA ENTRA NA CONCHA DA OSTRA, ELA SE DEFENDE SOLTANDO UMA SUBSTÂNCIA CHAMADA MADREPÉROLA, QUE CRISTALIZA O GRÃO DE AREIA E O TRANSFORMA EM PÉROLA.

O QUE AS OSTRAS PRODUZEM?

| X | P | X | É | X | R | X | O | X | X | L | X | A | S |

A OSTRA VIVE DENTRO DE UMA...

| C | X | O | N | X | X | C | X | H | X | A |

▼ O que as ostras produzem?
▼ Onde elas vivem?

Acompanhe a leitura do professor e preste atenção às perguntas. Para respondê-las, observe as sequências e risque todas as letras **X**. Depois, copie as letras que sobraram e leia as palavras formadas.

▼ Que palavras você descobriu?

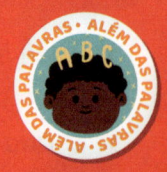

▶ VOCÊ SABIA?

SE A ESTRELA-DO-MAR PERDER UM BRAÇO, ELA CONSEGUE RECONSTRUIR OUTRO NO LUGAR.

A BOCA DA ARRAIA FICA NA BARRIGA E ALGUMAS ESPÉCIES TÊM UM FERRÃO VENENOSO.

A BOLACHA-DA-PRAIA RESPIRA PELOS PÉS E GOSTA DE FICAR ENTERRADA NA AREIA.

A ÁGUA-VIVA TEM TENTÁCULOS QUE CAUSAM QUEIMADURAS, E ALGUMAS ESPÉCIES BRILHAM NO ESCURO.

▼ Você conhece algum animal marinho?
▼ O que você sabe sobre ele?
  Acompanhe a leitura do professor e descubra algumas curiosidades sobre esses animais marinhos. Em seguida, ligue os textos aos animais correspondentes.
▼ Qual informação mais chamou sua atenção?

UNIDADE 5

OS CASTELOS EM NOSSOS SONHOS

Observe a cena.

- Que lugar é esse?
- Você conhece histórias que têm castelos?
- Que personagens costumam morar em um castelo? Destaque os personagens da página 393 do encarte e cole-os. Depois, diga o nome deles e o que você sabe sobre eles.
- Que personagem você desenharia na porta de entrada do castelo?

▶ DE QUEM É ESSE CASTELO?

AMOR ANTIGO

ALI, NO ESCURO,
POR CIMA DO MURO,
NO ALTO DA TORRE,
MORAVA A PRINCESA
DE TRANÇA DE PRATA,
DA FACE DE LUA.

ALI, NO CANTEIRO,
MORAVA A ROSEIRA,
DA ROSA PRIMEIRA
DOS CONTOS EM FLOR.

CHEGANDO DE LONGE,
DE OUTRO REINADO,

UM MOÇO MONTADO,
NO SEU ALAZÃO.

SUBIU PELA TRANÇA,
BEIJOU A PRINCESA...

NO CÉU, UMA ESTRELA
VIROU CORAÇÃO!

SYLVIA ORTHOF. **A POESIA É UMA PULGA**.
SÃO PAULO: ATUAL, 1991. P. 30.

2	8	4	3	6	1	5	7
A	L	U	P	Z	R	N	E

1	2	3	4	5	6	7	8

▼ Quem será que mora nesse castelo?
Ouça a leitura do professor e descubra de quem é esse castelo.
Para isso, organize as letras seguindo a ordem numérica de acordo com a legenda.

▼ Você conhece essa história?
Conte-a aos colegas e ao professor.

PALAVRAS QUE RIMAM

ESCURO

ROSEIRA

REINADO

PRIMEIRA

MURO

ALAZÃO

MONTADO

CORAÇÃO

▼ Vamos ajudar o príncipe a chegar até a torre da Rapunzel? Leia as palavras da trilha e observe como elas terminam.
▼ Há palavras que terminam com o mesmo som? Pinte da mesma cor os pares de palavras que rimam.
▼ Quantos pares de palavras você pintou?

TAREFA PARA CASA 5

UMA HISTÓRIA CONTADA POR IMAGENS

AMOR ANTIGO

Existem várias maneiras de contar uma história.
▼ Vamos contar a história da Rapunzel em quadrinhos?
Desenhe nos quadros as partes da história da Rapunzel. Depois, apresente sua história aos colegas e ao professor.

HISTÓRIAS COM CASTELOS

SINGELA MOÇA BONITA
PASSAVA O DIA A LIMPAR.
NO BAILE PERDEU O SAPATINHO,
O QUE AJUDOU O PRÍNCIPE
A LHE ENCONTRAR.

UM FEITIÇO DE RANCOR
LEVOU A PRINCESA A DORMIR.
POR ANOS DORMIU NA ESPERA
ATÉ SEU PRÍNCIPE SURGIR.

TEXTOS ESCRITOS ESPECIALMENTE PARA ESTA OBRA.

▼ Você conhece outras histórias com castelos?
   Observe esses castelos e acompanhe a leitura do professor.
▼ Que personagens moram nesses castelos?
   Escreva o nome das histórias. Depois, ouça as histórias dessas princesas.

▶ **A HISTÓRIA QUE EU ESCOLHI**

Você ouviu as histórias **Cinderela** e **A bela adormecida**.
▼ De qual delas você mais gostou?

Escreva o nome da história de que você mais gostou. Depois, destaque da página 395 os elementos que fazem parte dessa história e cole-os no quadro acima.

Por fim, junte-se com os colegas que escolheram a mesma história que você e reconte-a oralmente.

▶ **COMO SERIA MEU CASTELO**

▼ Você conhece outros personagens de histórias que vivem em um castelo? Diga em voz alta o nome deles.

▼ Se você fosse um personagem de histórias infantis, como seria seu castelo? Desenhe-o e escreva um nome para ele.

BRINCADEIRA DE CASTELO

A LINDA ROSA JUVENIL

A LINDA 🌹 JUVENIL, JUVENIL, JUVENIL

VIVIA ALEGRE EM SEU LAR, EM SEU LAR, EM SEU LAR

UM DIA VEIO A 🧙 MÁ, MUITO MÁ, MUITO MÁ

QUE ADORMECEU A ROSA ASSIM, BEM ASSIM, BEM ASSIM

E O TEMPO PASSOU A CORRER, A CORRER, A CORRER

E O MATO CRESCEU AO REDOR, AO REDOR, AO REDOR

UM DIA VEIO O BELO 👑, BELO REI, BELO REI

QUE DESPERTOU A ROSA ASSIM, BEM ASSIM, BEM ASSIM

BATAMOS PALMAS PARA O REI, PARA O REI, PARA O REI

CANTIGA.

ILUSTRAÇÕES: MARCOS MACHADO

Cante a cantiga **A linda rosa juvenil**. Ela conta uma história.
▼ De que fala a história?
▼ É uma história de castelo?

Observe as imagens que aparecem na letra da cantiga e escreva nos quadros o nome dos personagens da história. Depois, brinque com os colegas seguindo as orientações do professor.

▶ QUE PALAVRA RIMA COM...

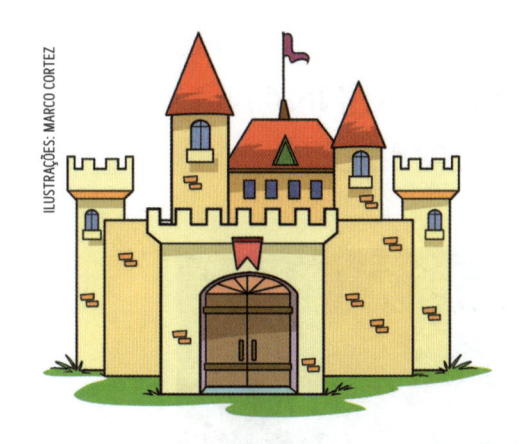

ILUSTRAÇÕES: MARCO CORTEZ

▼ Vamos brincar de rimar?

Para fazer rimas temos de prestar atenção ao som final das palavras.

Observe as imagens e escreva o nome delas. Depois, escreva duas palavras que rimam com elas.

Por fim, desenhe um objeto, escreva o nome dele e mais duas palavras que rimem com ele.

93

UM CASTELO DIFERENTE

VOCÊ JÁ VIU UM CASTELO DE VERDADE? ESTE É O CASTELO SÃO JOÃO, UM MUSEU DO INSTITUTO RICARDO BRENNAND LOCALIZADO NA CIDADE DO RECIFE, EM PERNAMBUCO.

MUSEU CASTELO SÃO JOÃO.

Observe a imagem.
▼ O que você achou do Castelo São João?
▼ Você sabe o que podemos encontrar em um museu?

Converse com os colegas e o professor. Depois, faça uma lista do que é possível encontrar em um museu e copie-a acima.

UM CASTELO CHEIO DE HISTÓRIAS

1. NINO TEM CABELO TIGELINHA COM APENAS UM FIO EM PÉ.
2. TIA MORGANA É TIA-AVÓ DE NINO. ELA É UMA FEITICEIRA PODEROSA.
3. ZEQUINHA É O MAIS NOVO DA TURMA; É PEQUENO, SAPECA E MUITO CURIOSO!
4. BIBA É ESPERTA E DECIDIDA, SEMPRE TEM GRANDES IDEIAS PARA BOAS AVENTURAS.
5. PEDRO É MUITO INTELIGENTE, É O LÍDER DO GRUPO NA AUSÊNCIA DE NINO.

▼ Você conhece o Castelo Rá-Tim-Bum?
É um castelo cheio de histórias e personagens incríveis.
Acompanhe a leitura do professor e numere os personagens de acordo com as características deles.

QUEM É O DONO DO CASTELO?

| X | T | X | I | X | O | X |

| V | X | I | C | T | X | O | X | R |

_____

SE LIGUE NA REDE

Que tal assistir ao primeiro episódio da série Castelo Rá-Tim-Bum e conhecer esses personagens? Acesse o endereço a seguir com o professor e divirta-se (acesso em: 17 mar. 2023).
▼ www.youtube.com/watch?v=lJEAhhRsRIM

▼ Quem é o dono do castelo?
Pinte todas as letras **X** que aparecem nos quadrinhos. Depois, copie na linha as letras que sobraram e descubra o nome dele.

OUTROS PERSONAGENS DO CASTELO

| PORTEIRO | RELÓGIO | CELESTE | MAU |

O	K	I	M	U	V	Z	S	E	N
Y	C	E	L	E	S	T	E	J	Q
Y	U	X	O	O	Y	R	L	Z	V
P	O	R	T	E	I	R	O	D	O
F	G	R	E	Z	L	A	Q	A	T
I	D	R	M	A	U	H	G	E	I
P	Q	K	G	O	V	P	T	P	S
C	N	M	R	E	L	Ó	G	I	O

O Castelo Rá-Tim-Bum é habitado por criaturas curiosas.

Observe as imagens e leia o nome dos personagens com o professor. Depois, encontre o nome deles no diagrama de palavras e pinte-os nas cores indicadas.

97

▶ VAMOS FAZER CASTELOS DE AREIA?

FAMOSO ARQUITETO ITALIANO ENSINA A CONSTRUIR O CASTELO DE AREIA PERFEITO

[...] O ARQUITETO ITALIANO RENZO PIANO ENSINA [...] ALGUNS PASSOS PARA VOCÊ CONSEGUIR MELHORAR SUAS CONSTRUÇÕES FEITAS NA AREIA.

FAMOSO ARQUITETO [...]. **ÉPOCA NEGÓCIOS**, SÃO PAULO, 15 JUL. 2017. DISPONÍVEL EM: HTTPS://EPOCANEGOCIOS.GLOBO.COM/INFORMACAO/ACAO/NOTICIA/2015/07/FAMOSO-ARQUITETO-ITALIANO-ENSINA-CONSTRUIR-O-CASTELO-DE-AREIA-PERFEITO.HTML. ACESSO EM: 17 MAR. 2023.

1. CAVE UM CÍRCULO NA AREIA ÚMIDA.
2. FAÇA UM MONTE DE AREIA NO CENTRO DO CÍRCULO.
3. FAÇA UMA ENTRADA PARA DEIXAR A ÁGUA PASSAR.
4. ENFEITE-O COM PEDRAS E UMA BANDEIRINHA NO TOPO.

▼ Você já construiu um castelo de areia?
Acompanhe a leitura do professor, observe as imagens e numere-as de acordo com as instruções.

▼ Como você construiria um castelo de areia?

SER CIDADÃO

CASTELOS NA AREIA

[...] A ÁGUA AGORA ESTÁ SALGADA DE PLÁSTICO E JÁ NÃO É A MESMA. NÃO SEI SE AS CRIANÇAS, AGORA, CONSTROEM CASTELOS DE AREIA OU CASTELOS DE PLÁSTICO. [...]

[...] OS SERES MARINHOS DO OCEANÁRIO ESTÃO MAIS SEGUROS DO QUE OS QUE NÃO FORAM TIRADOS DO SEU HÁBITAT NATURAL. O MUNDO ESTÁ SENSIBILIZADO PARA O PROBLEMA, MAS O PLÁSTICO TORNOU-SE TÃO COMUM QUE PASSOU A SER INVISÍVEL AOS NOSSOS OLHOS. CASTELOS DE AREIA PODEM SER CONSTRUÍDOS COM AS MÃOS, SEM BALDES E PÁS DE PLÁSTICO. CASTELOS DE PLÁSTICO PODEM SER CONSTRUÍDOS PARA LIMPAR O MAR E AS NOSSAS PRAIAS. VAMOS CONSTRUIR CASTELOS?

MARIA GONÇALVES. CASTELOS NA AREIA. **REVISTA DE MARINHA**, LISBOA, 8 JUN. 2018. DISPONÍVEL EM: HTTPS://REVISTADEMARINHA.COM/CASTELOS-NA-AREIA/. ACESSO EM: 16 MAR. 2020.

_____

_____

Acompanhe a leitura da crônica e descubra um problema que está acontecendo no mar e na areia das praias.
▼ Como podemos mudar essa situação?
▼ Qual convite a autora nos faz?
Pense a respeito dele e escreva ações que podem ajudar.

UNIDADE 6

QUERO SER UM PERSONAGEM!

Os personagens fazem parte das histórias, dos filmes, dos desenhos animados e de nossa imaginação. Observe a cena e as fantasias das crianças.

- De que as crianças estão fantasiadas? Você conhece esses personagens?
- De quais histórias eles são? Leia com o professor o título desta unidade.
- Você gostaria de ser um personagem? Qual? Desenhe você mesmo fantasiado desse personagem.

▶ QUE HISTÓRIA!

OS DINOSSAUROS

HÁ MUITOS E MUITOS ANOS, EM UM PASSADO BEM DISTANTE, O PLANETA TERRA ERA HABITADO POR DINOSSAUROS.

HAVIA MUITAS ESPÉCIES DE DINOSSAUROS, DOS PEQUENINOS AOS BEM GRANDÕES. ELES ERAM CRIATURAS ADMIRÁVEIS, MAS ACABARAM SENDO EXTINTOS POR CONTA DE UM GRANDE DESASTRE NATURAL.

ATUALMENTE VEMOS OS DINOSSAUROS RETRATADOS EM DOCUMENTÁRIOS E OBRAS DE FICÇÃO, COMO FILMES, LIVROS, DESENHOS ETC.

TEXTO ESCRITO ESPECIALMENTE PARA ESTA OBRA.

EDUARDO BELMIRO

| ★ | B | R | A | Q | U | I | O | S | S | A | U | R | O | ★ |

- ▼ Você já ouviu falar dos dinossauros?
- ▼ Sabia que eles já existiram?
- ▼ O que será que aconteceu com eles?

Acompanhe a leitura do professor e pinte as letras do diagrama para descobrir o nome de uma espécie de dinossauro. Depois, pinte-o bem bonito.

▶ E ELE VIROU PERSONAGEM!

DOS CRIADORES DE DIVERTIDA MENTE E TOY STORY 3

Disney · PIXAR

O BOM DINOSSAURO

Um grande amigo pode mudar tudo.

7 DE JANEIRO NOS CINEMAS

WaltDisneyStudios   DISNEY.COM.BR/FILMES   WaltDisneyStudiosBR

EVERETT COLLECTION/EASYPIX BRASIL

▼ Você conhece esse filme? Já o assistiu?

▼ Quem é o personagem principal?

Observe o cartaz e copie o nome do filme.

▼ Por que você acha que o filme recebeu esse nome?

Com os colegas e o professor, listem os outros elementos que aparecem no cartaz.

ERA UMA VEZ...

O BOM DINOSSAURO

▼ Como é a história do filme **O bom dinossauro**?

Com a ajuda do professor, descubra como é essa história. Depois, com os colegas, recontem-na para que o professor a registre. Por fim, cole a história no espaço acima.

NOMES DIFERENTES

ARLO.   SPOT.

Esses são os personagens principais do filme **O bom dinossauro**. Leia com o professor o nome deles.
▼ Você conhece outros nomes de personagens de filmes? Desenhe um personagem de filme e escreva o nome dele.

TAREFA PARA CASA 6

▶ ESSA TURMA TAMBÉM É PERSONAGEM

_____

_____

_____

▼ Você conhece essa turma?
   Escreva o nome dos personagens da capa do gibi. Depois, observe a capa atentamente.
▼ Que fantasias os personagens estão usando?
▼ Quem é o super-herói que aparece na capa do gibi?
▼ De qual super-heroína Mônica está fantasiada?
   Converse com os colegas e o professor e registre a resposta nas linhas.

106

ENCONTRANDO RIMAS

TÔNICA   CASINHA

           MÔNICA
COLCHÃO   MELÃO

JAVALI   CEBOLINHA   QUATI

                                 CRÔNICA
PENINHA

              MAGALI

SABÃO   ABACAXI

ELETRÔNICA   CASCÃO   BOLINHA

▼ Vamos rimar e ver o que dá?
Encontre as palavras que rimam com o nome dos personagens e ligue-os.
Uma dica: observe as cores das palavras e utilize o alfabeto móvel.

▶ OUVINDO UMA FÁBULA

O LEÃO E O RATINHO

UM VALENTE LEÃO, CANSADO DEPOIS DE CAÇAR, DORMIA À SOMBRA DE UMA FRONDOSA ÁRVORE. FOI ENTÃO QUE SURGIU DO MEIO DA SELVA UM GRUPO DE SEIS RATINHOS QUE RESOLVERAM BRINCAR NAQUELE LOCAL FAZENDO COM QUE O LEÃO ACORDASSE.

O LEÃO, MUITO BRAVO, ACORDOU EMITINDO UM RUGIDO ESTRONDOSO E LOGO SALTOU PARA PERTO DOS RATINHOS. TODOS CONSEGUIRAM FUGIR, MENOS UM, QUE O LEÃO PRENDEU EMBAIXO DE SUA PATA.

TANTO QUE O RATINHO IMPLOROU PARA QUE O LEÃO O DEIXASSE IR EMBORA, QUE O LEÃO RESOLVEU SOLTÁ-LO. ALGUM TEMPO DEPOIS, O LEÃO QUE PASSEAVA PELA SELVA FICOU PRESO EM UMA REDE DE CAÇADORES. NÃO CONSEGUINDO SE SOLTAR, FAZIA A FLORESTA INTEIRA TREMER COM SEUS URROS DE DESESPERO.

O RATINHO QUE PASSAVA POR PERTO, AO OUVIR O LEÃO PEDIR SOCORRO, CORREU PARA AJUDÁ-LO. COM SEUS PEQUENOS E AFIADOS DENTES, ROEU AS CORDAS DA REDE E SOLTOU O LEÃO.

MORAL DA HISTÓRIA: UMA BOA AÇÃO GANHA OUTRA.

CHRISTIANE ANGELOTTI. O LEÃO E O RATINHO. *IN:* **PARA EDUCAR**. [S. L.], [20--]. DISPONÍVEL EM: WWW.PARAEDUCAR.COM.BR/P/O-LEAO-E-O-RATINHO.HTML. ACESSO EM: 16 MAR. 2023.

☐ LEÃO   ☐ RATINHO

▼ Você já ouviu uma fábula?

Ouça a fábula que o professor lerá. Pinte no texto de **amarelo** a palavra **LEÃO** e de **azul** a palavra **RATINHO**. Depois, registre nos quadrinhos quantas vezes essas palavras aparecem no texto.

▼ Quem são os personagens dessa história?

CONTANDO A FÁBULA COM DESENHOS

▼ De que outra forma é possível contar a história **O leão e o ratinho**?

Faça um desenho para representar a história. Depois, escreva o nome dos personagens da maneira que souber. Mostre seu trabalho aos colegas e reconte a história com suas palavras.

LETRAS E MAIS LETRAS

L E Ã O
B U

R A T I N
H O M V

Á R V O R
E C D

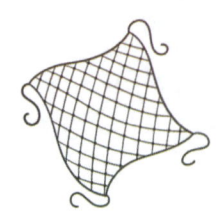

R E D E
P O

▼ O que formamos quando juntamos letras?
Observe as figuras e pinte somente as letras que formam cada palavra. Depois, escreva-as.

▼ Que palavras você formou?
Separe no alfabeto móvel as letras que você utilizou na escrita dessas palavras e forme novas palavras. Copie-as no quadro.

SER CIDADÃO

INFORME PUBLICITÁRIO

★ O JORNAL MAIS ANTIGO EM CIRCULAÇÃO NA AMÉRICA LATINA - **188 ANOS** DE CREDIBILIDADE

DIARIOdePERNAMBUCO
FUNDADOR DOS DIÁRIOS ASSOCIADOS: ASSIS CHATEAUBRIAND

SEGUNDA-FEIRA Recife, 23 de novembro de 2015 Nº 324 >> diariodepernambuco.com.br

Pequenos gestos, grandes diferenças

Grupo oferece sopão em sete comunidades do Recife

Trabalho voluntário alimenta mais de mil pessoas por semana na Zona Norte ESPECIAL · PÁG. 4

FOTOS: MARILIA SIMAS/DIVULGAÇÃO

Leia com o professor essa manchete de jornal.
▼ O que está sendo noticiado?
▼ Por que pequenos gestos fazem grandes diferenças?
▼ Por que essa ação faz diferença na vida das pessoas?
Converse com os colegas e o professor, desenhe e escreva uma ação que pode ajudar a quem precisa.

PERSONAGENS DO NOSSO FOLCLORE

SACI-PERERÊ

BOTO COR-DE-ROSA

BOITATÁ

MULA SEM CABEÇA

▼ Você conhece os personagens do folclore brasileiro? Observe as ilustrações e ligue cada personagem a seu nome. Depois, ouça as lendas que o professor contará.

▶ E A LENDA É...

Você conheceu alguns personagens do folclore brasileiro e ouviu algumas lendas. Agora é sua vez de contar.

Com os colegas, escolha uma dessas lendas e recontem-na para que o professor a registre. Depois, cole o texto no quadro e faça um desenho para ilustrá-lo.

▶ ELA APARECE EM UM LIVRO

PARA DAR DE BEBER AO GATO,
PÔS O LEITE NO SAPATO,
E NO PÉ – COISA MALUCA!
ELA PÔS SUA PERUCA.

NÃO É MESMO DISTRAÍDA A
ALEGRE VOVÓ GUIDA?

TATIANA BELINKY. A ALEGRE VOVÓ GUIDA, QUE É UM BOCADO DISTRAÍDA. SÃO PAULO: EDITORA DO BRASIL, 2010. P. 6 E 7.

4	2	8	5	1
GUIDA	ALEGRE	BOCADO	QUE	A

	9	3	7	6
	DISTRAÍDA	VOVÓ	UM	É

_____,

_____

▼ Você conhece a vovó Guida?
▼ Como será que ela é?
   Acompanhe a leitura do professor. Depois, copie as palavras em ordem numérica e escreva o nome dessa história.
   Por fim, faça um desenho para representar a vovó Guida.

▶ E AGORA, VIVA O REI!

A ROUPA NOVA DO REI

NÃO HAVIA NO MUNDO HOMEM MAIS VAIDOSO QUE O REI OLAVO.

EM VEZ DE CUIDAR DOS PROBLEMAS DO POVO, ELE PASSAVA O DIA EM FRENTE AO ESPELHO, EXPERIMENTANDO ROUPAS, SAPATOS E JOIAS.

SEMPRE QUE ALGUÉM IA PROCURÁ-LO, O MINISTRO, EM VEZ DE DIZER QUE O REI ESTAVA NUMA REUNIÃO, RESPONDIA QUE "SUA MAJESTADE ESTAVA NA SALA DE VESTIR".

E A PESSOA, FOSSE RICA OU FOSSE POBRE, TINHA QUE ESPERAR MAIS DE UMA HORA PARA FALAR COM O REI. [...]

A ROUPA NOVA DO REI. **AS MAIS BELAS HISTÓRIAS INFANTIS DE TODOS OS TEMPOS**. SÃO PAULO: EDITORA GLOBO, 1995. P. 2.

REI

▼ Quem será o personagem agora?

Leia o texto com o professor e descubra quem é o personagem.

Depois, leia a palavra no quadro e copie do texto outras palavras que tenham a mesma letra inicial.

▶ **UM NOVO PERSONAGEM**

▼ Depois de ter visto tantos personagens, será que você consegue inventar um?

Invente um personagem, desenhe-o e escolha um nome para ele. Depois, com a ajuda do professor, escreva uma história sobre seu personagem, em uma folha à parte.

TAREFA PARA CASA 1

▶ O QUE HÁ EM SEU QUARTO?

Imagine que você é um caçador de nomes. Observe os objetos que há em seu quarto e escreva o nome deles no bloco de notas acima da maneira que souber.

Em sala, leia em voz alta os nomes que você escreveu e apresente-os para os colegas e o professor.

TAREFA PARA CASA 2

▶ PALAVRAS ESCONDIDAS

GALINHA　　　　　　　　　_____

REPOLHO　　　　　　　　　_____

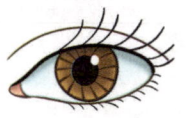

LAMPIÃO　　　　　　　　　_____

GALHO　　　　　　　　　　_____

Leia as palavras e encontre novas palavras dentro delas.
▼ Que palavras você encontrou?
Observe as imagens e escreva como souber as palavras encontradas.

TAREFA PARA CASA 3

▶ UM NOME PARA CADA UM

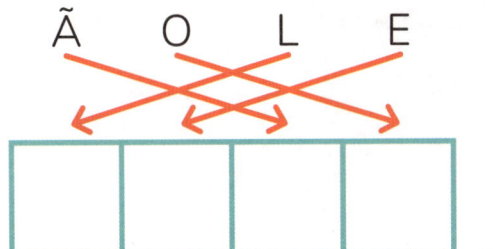

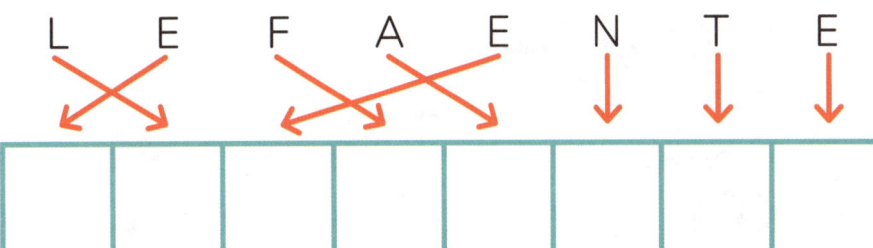

Ã   O   L   E

☐ ☐ ☐ ☐   _____ LETRAS

L   E   F   A   E   N   T   E

☐ ☐ ☐ ☐ ☐ ☐ ☐ ☐

_____ LETRAS

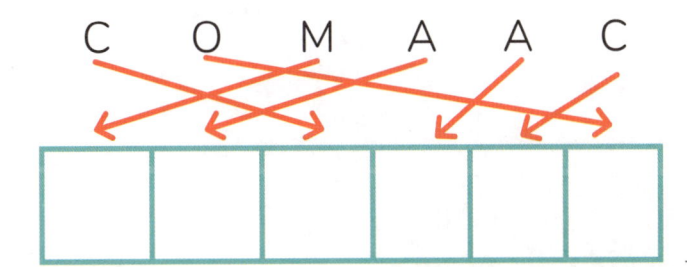

C   O   M   A   A   C

☐ ☐ ☐ ☐ ☐ ☐   _____ LETRAS

▼ Que bichos vivem no zoológico?

Observe as imagens, desembaralhe as letras e escreva nos quadrinhos o nome dos animais. Siga as setas para saber o lugar de cada letra.

Depois, conte quantas letras tem cada palavra e escreva o número correspondente nas linhas.

▼ Qual palavra é a maior? E qual é a menor?

TAREFA PARA CASA 4

▶ DESCUBRA QUEM É QUEM

peixe	espada	peixe	porco
peixe	palhaço	peixe	galo
tubarão	tigre	tubarão	martelo
tubarão	elefante	tubarão	raposa

▼ Você sabia que o nome de alguns animais marinhos é formado por duas palavras?

Observe as figuras, escreva o nome delas nos espaços e descubra o nome de algumas espécies de peixes e tubarões. Depois, leia com atenção os nomes que você formou.

TAREFA PARA CASA 5

▶ COMBINANDO SONS

PANELA

SAPATO

MÃO

VIOLA

PIRATA

▼ Você sabe fazer rimas?
Observe as ilustrações e o nome delas. Depois, escreva palavras que tenham o mesmo som final de cada nome.

TAREFA PARA CASA 6

MEU FILME PREFERIDO

▼ Qual é o seu filme preferido?
Faça um desenho para representá-lo e escreva como souber o nome dele.

MATEMÁTICA

UNIDADE 1

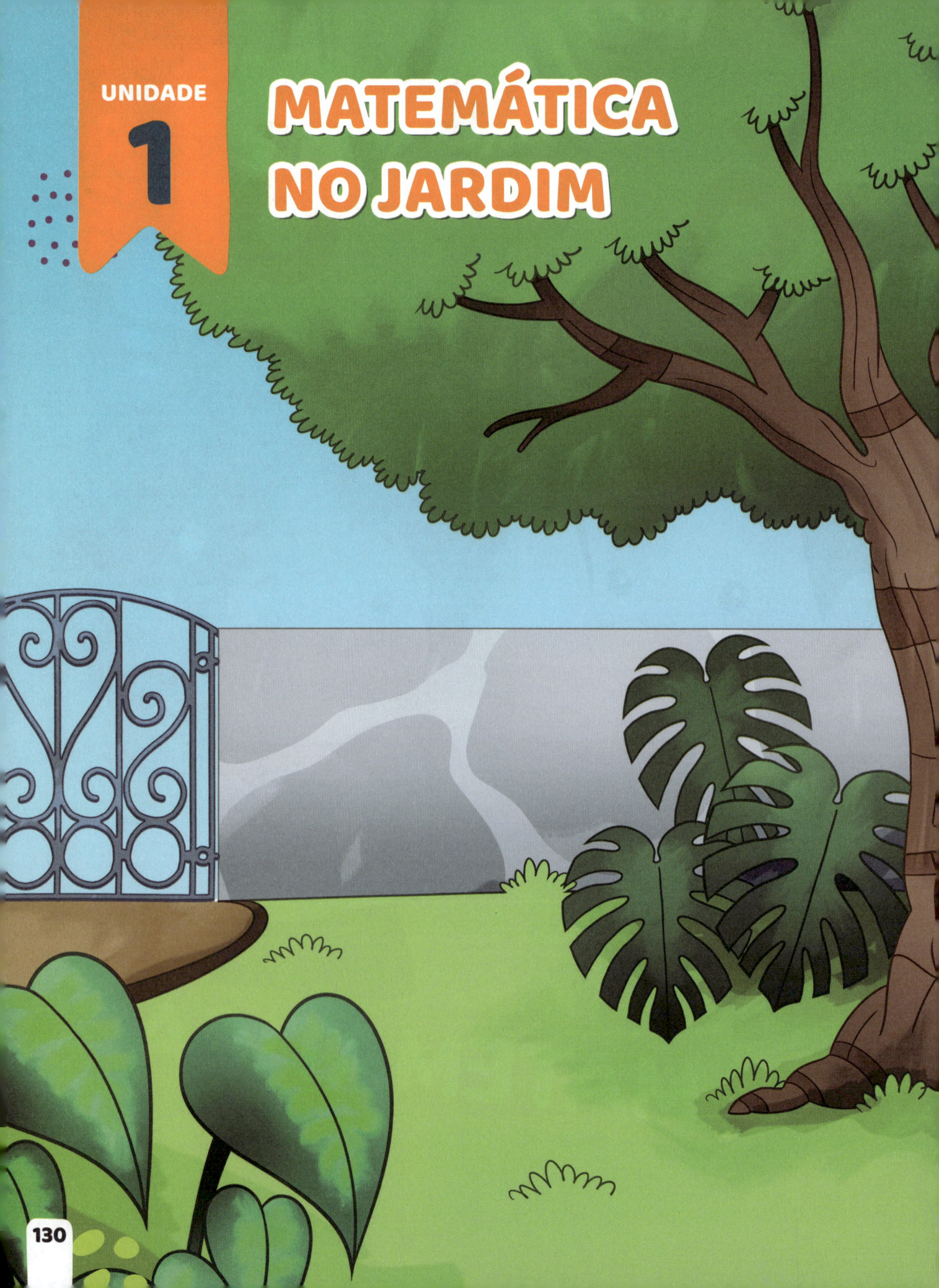

MATEMÁTICA NO JARDIM

- Que lugar é esse? O que você identifica nele?

  Destaque as figuras da página 397 do encarte e cole-as na cena de acordo com a indicação a seguir:
  - **2** passarinhos na árvore;
  - **3** flores no canteiro do jardim;
  - **2** joaninhas nas flores;
  - **2** borboletas voando pelo jardim;
  - **1** caracol perto da árvore.

- Como ficou a paisagem?
- Quantos elementos você colou?
- Você acha que é possível usar a Matemática em um lugar assim? Por quê?

O QUE TEM NO JARDIM?

[...] NO JARDIM, DE TUDO APARECE
E DE TUDO CRESCE...
JÁ CHEIROU UMA FLOR BICOLOR?
JÁ VIU FLORES DOS MAIS DIVERSOS SABORES? [...]

ELLEN PESTILI. **HORTA, POMAR E JARDIM: BRINCADEIRA NÃO TEM FIM**. SÃO PAULO: EDITORA DO BRASIL, 2016. P. 9 E 11.

▼ Você já visitou um jardim?
  Ouça a leitura do trecho do poema que o professor fará. Depois, desenhe um jardim que você conhece.
  Apresente seu trabalho para os colegas e o professor.
▼ Quantos elementos diferentes você desenhou em seu jardim?
▼ Em que outras situações você pode contar elementos?

TEM FLORES, TEM CORES!

[...] JÁ CHEIROU UMA FLOR BICOLOR? [...]

ELLEN PESTILI. **HORTA, POMAR E JARDIM: BRINCADEIRA NÃO TEM FIM**. SÃO PAULO: EDITORA DO BRASIL, 2016. P. 11.

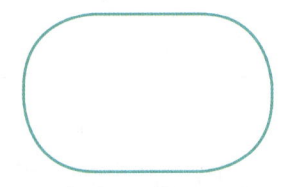

▼ Você sabe o que é uma flor bicolor?

Converse com os colegas e o professor sobre esse assunto. Depois, pinte as flores e deixe-as todas bicolores.

Dica: todas as flores devem ser pintadas com **2** cores.

▼ Quantas flores você pintou?

Conte-as e escreva o número no quadrinho.

QUANTAS FLORES A MAIS?

ILUSTRAÇÕES: LUIZ LENTINI

10 MAIS 1 É IGUAL A ☐

10 MAIS 2 É IGUAL A ☐

10 MAIS 3 É IGUAL A ☐

10 MAIS 4 É IGUAL A ☐

10 MAIS 5 É IGUAL A ☐

Na página anterior você pintou **10** flores.
▼ Quantas flores a mais são necessárias para termos **15** flores?
 Observe os desenhos, junte as quantidades e escreva os números nos quadrinhos. Depois, circule onde há **15** unidades.

134

FLORICULTURA CANTINHO DAS FLORES

▼ Que tipos de flor você conhece?
▼ Já visitou uma floricultura?

Observe os vasos que estão expostos nessa floricultura. Conte as flores de cada vaso e escreva as quantidades nos quadrinhos. Depois, circule o vaso que tem **mais** flores e faça um **X** no que tem **menos** flores.

Por fim, conte em voz alta a sequência dos números de **11** a **20**.

QUANTAS VARIEDADES DE FLORES!

VOU PLANTAR

VOU AGORA, MINHA GENTE,
UMA MUDINHA PLANTAR
TODO DIA, COM CARINHO,
A PLANTINHA VOU REGAR.

QUE DAQUI CERTO TEMPO,
BELAS FLORES HÁ DE DAR
TODA ÁRVORE DO MUNDO
É PRECISO MUITO AMAR.

CANTIGA.

▼ As flores no quadro são todas iguais?
▼ Quantas variedades de flores você observa?
   Cante a cantiga com os colegas e o professor. Depois, conte a quantidade de flores de cada variedade e registre o número nos quadrinhos correspondentes.
▼ Qual tipo de flor aparece em **maior** quantidade?

O JARDIM DA VOVÓ YASMIN

ILUSTRAÇÕES: HÉLIO SENATORE

▼ Que tal contarmos os elementos do jardim e organizarmos essas informações em um gráfico?

Observe a imagem, conte a quantidade de cada elemento do jardim e complete o gráfico. Pinte um quadrinho para cada elemento contado.

▼ Para que servem os gráficos?

▼ Alguma coluna do gráfico ficou com a mesma quantidade de quadrinhos pintados?

137

MAIS E MAIS FLORES

(10 flores)	MAIS	(6 flores)	É IGUAL A ☐
(8 flores)	MAIS	(7 flores)	É IGUAL A ☐
(8 flores)	MAIS	(8 flores)	É IGUAL A ☐
(8 flores)	MAIS	(9 flores)	É IGUAL A ☐
(10 flores)	MAIS	(10 flores)	É IGUAL A ☐

Observe os desenhos, junte as quantidades e escreva os números nos quadrinhos.

▼ Quantas **dezenas** são **20** flores?

138

DEZENAS DE UM JARDIM

Quando temos a quantidade de **10** unidades, podemos dizer que temos **1 dezena**.

Observe as imagens e agrupe **10** unidades de cada.
▼ Quantos elementos sobraram fora de cada grupo?
▼ Quantas unidades são **2 dezenas**?
▼ E quantas unidades você acha que são **3 dezenas**?

QUEM É ELA?

FICHA TÉCNICA
NOME POPULAR: JOANINHA.
CARACTERÍSTICAS: É UM INSETO QUE SE DESTACA POR SUA CARAPAÇA COLORIDA E PINTADA. A MAIS CONHECIDA TEM 7 PINTAS NAS COSTAS.
ONDE VIVE: JARDIM E OUTRAS PLANTAÇÕES.
DO QUE SE ALIMENTA: PULGÕES E OUTROS INSETOS.
COMO SE LOCOMOVE: VOANDO. QUANDO VOA BATE AS ASAS 85 VEZES POR SEGUNDO.

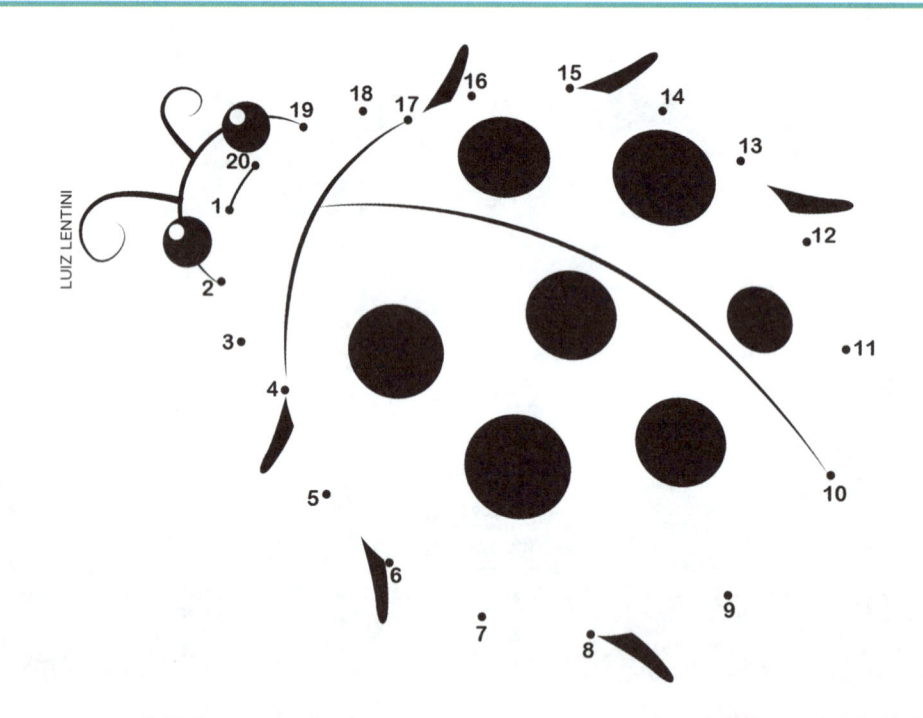

LUIZ LENTINI

▼ Você já viu uma joaninha de perto?
▼ De que cor ela era?
▼ Você sabia que existem joaninhas de diferentes cores?

Ouça a leitura do texto que o professor fará. Depois, ligue os pontos seguindo a sequência dos números de **1** a **20** para formar uma joaninha e, em seguida, pinte-a.

UM JARDIM DE JOANINHAS

1
2
3
4
5

ILUSTRAÇÕES: JOÃO PETERSON

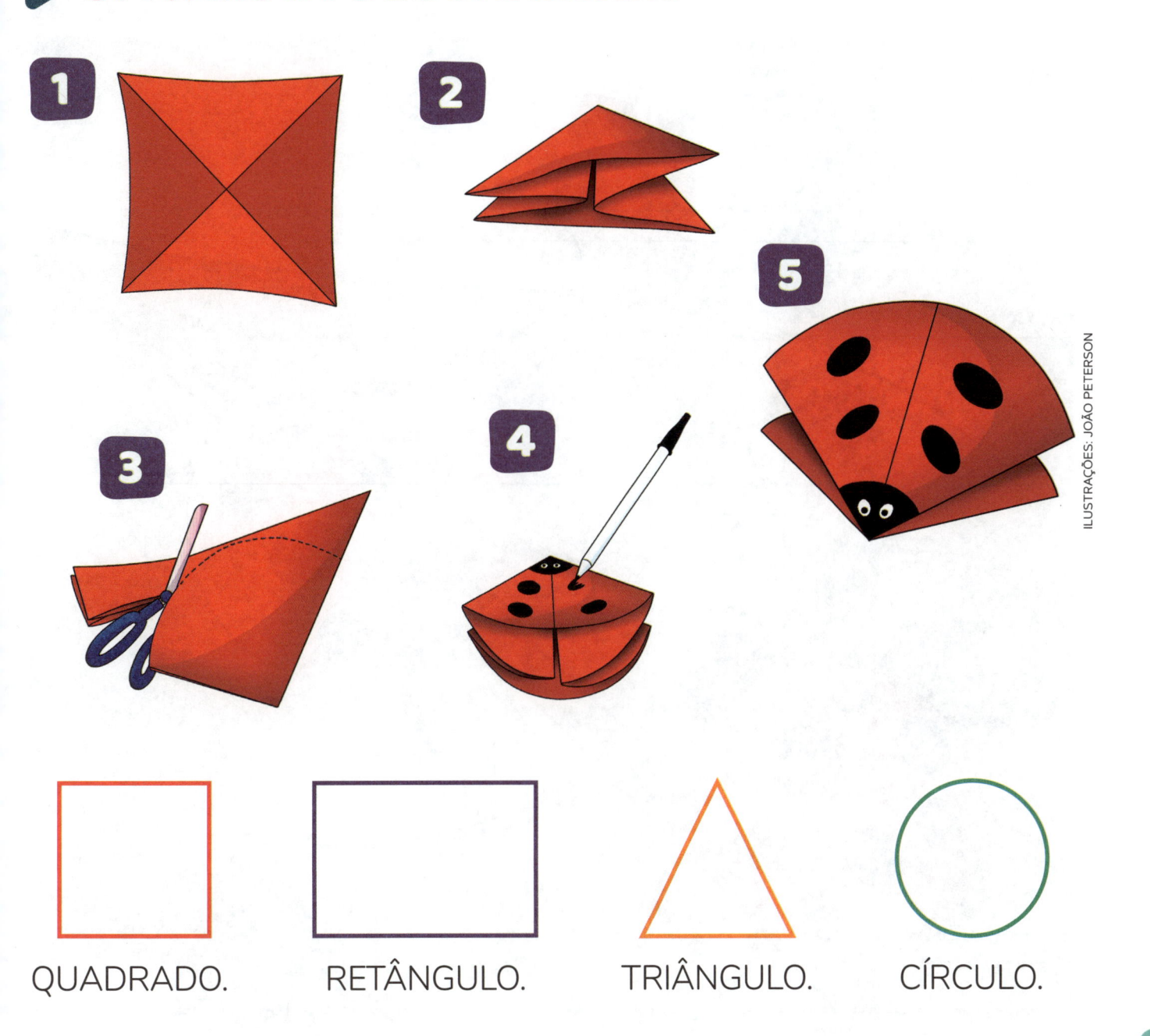

QUADRADO.   RETÂNGULO.   TRIÂNGULO.   CÍRCULO.

O professor entregará a você um pedaço de papel para a dobradura de uma joaninha.

▼ Com qual figura geométrica esse papel mais se parece?

Pinte a resposta. Depois, siga o passo a passo observando a sequência dos números e ouça as orientações do professor para fazer a sua joaninha. Por fim, cole um palito de picolé na sua dobradura e faça um jardim de joaninhas com a turma.

141

▶ DESAFIO DAS PINTINHAS!

Você aprendeu que geralmente uma joaninha tem **7** pintas.
▼ Quantas pintas têm **2** joaninhas juntas?
▼ Você sabe responder ao desafio sem contar?

Faça uma estimativa e arrisque um palpite. Depois, conte as pintas juntando a quantidade das duas joaninhas e escreva no quadrinho a resposta do desafio.

▼ Quantas pintas teriam **3** joaninhas juntas?

▶ **JARDIM DE FRUTAS**

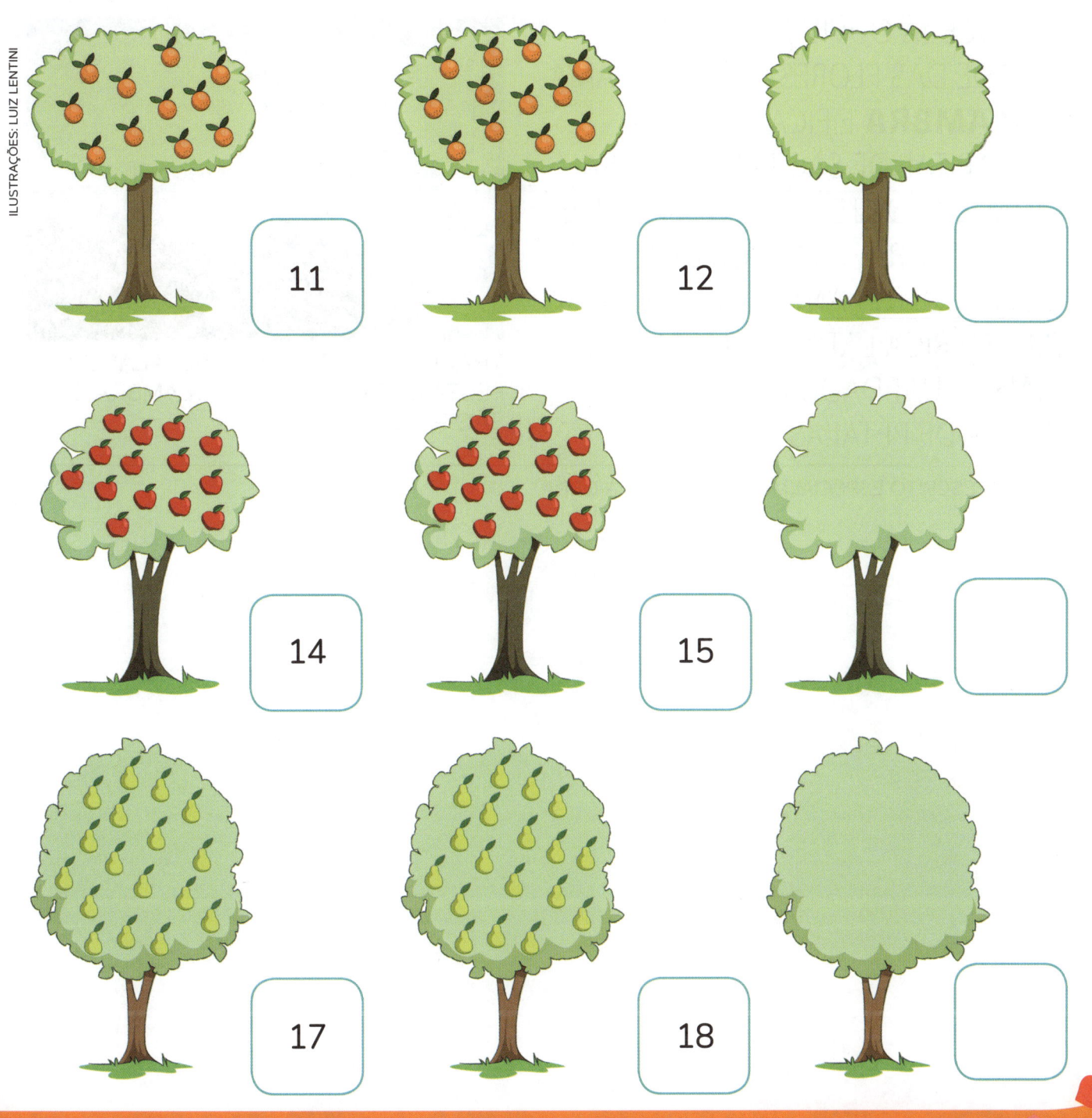

| 11 | 12 | |

| 14 | 15 | |

| 17 | 18 | |

▼ Você já viu árvores frutíferas em um jardim?

Observe as árvores e conte as frutas para descobrir o número que vem depois na sequência numérica. Desenhe as frutas para representar as quantidades nas árvores que estão sem frutas e escreva o número correspondente nos quadrinhos.

Depois, circule a árvore que tem **1 dúzia** de frutas.

TAREFA PARA CASA 1

▶ VALE A PENA CONHECER!

VOCÊ JÁ OUVIU FALAR NA CIDADE DAS FLORES? ELA SE CHAMA **HOLAMBRA** E FICA PRÓXIMA DA CAPITAL DE SÃO PAULO. NESSA CIDADE ACONTECE TODOS OS ANOS A EXPOFLORA – A MAIOR EXPOSIÇÃO DE FLORES E PLANTAS ORNAMENTAIS DA AMÉRICA LATINA. O MOMENTO MAIS AGUARDADO DO EVENTO É A CHUVA DE PÉTALAS.

TRADICIONAL CHUVA DE PÉTALAS DA FESTA DAS FLORES DE HOLAMBRA, EM SÃO PAULO.

TEXTO ESCRITO ESPECIALMENTE PARA ESTA OBRA.

Ouça a leitura que o professor fará sobre a cidade das flores e descubra o nome dela e sua localização.
▼ Você sabe o que é uma chuva de pétalas?
Com lápis colorido, desenhe pétalas coloridas para representar essa chuva.
▼ Quantas pétalas você desenhou? **Mais** ou **menos** que **1 dúzia**?

▶ NÃO PERCA A HORA!

O HORÁRIO DE FUNCIONAMENTO DA FESTA É DAS **9 HORAS** ÀS **19 HORAS**, TODAS AS SEXTAS-FEIRAS, SÁBADOS E DOMINGOS.

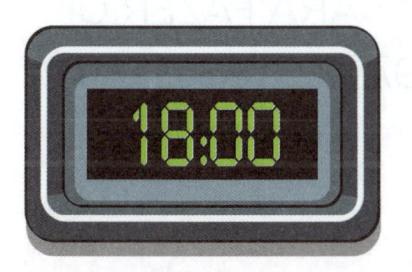

Ouça a leitura que o professor fará.
▼ Em que dias da semana a festa acontece?
▼ Qual é o horário de funcionamento da festa?

Desenhe os ponteiros no relógio para indicar a hora de abertura da festa. Depois, circule o relógio digital que mostra o horário de fechamento do evento.

▼ Quantas horas por dia a festa acontece?

VISITANDO A FESTA DAS FLORES!

- QUE HORAS MARINA E SUA FAMÍLIA SAÍRAM DE CASA PARA IR À FESTA?

- QUE HORAS ELES CHEGARAM À FESTA?

- QUANTO TEMPO ELES DEMORARAM PARA FAZER O PERCURSO DE CASA ATÉ O LOCAL DA FESTA?

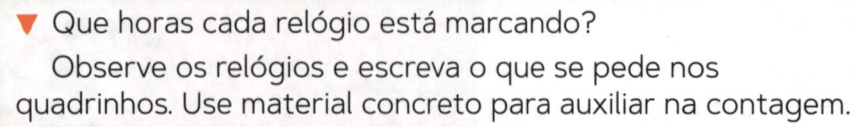

▼ Que horas cada relógio está marcando?
Observe os relógios e escreva o que se pede nos quadrinhos. Use material concreto para auxiliar na contagem.

▼ Quando Marina e sua família chegaram à festa, ela já havia começado?

▶ AS FLORES PREFERIDAS!

A PROFESSORA FABIANA E SUA TURMA DE CRIANÇAS VISITARAM A FESTA DAS FLORES EM HOLAMBRA E, DURANTE O PASSEIO, ORGANIZARAM UMA PESQUISA PARA SABER QUAIS ERAM AS FLORES PREFERIDAS DE ALGUNS VISITANTES. VEJA O RESULTADO DA VOTAÇÃO.

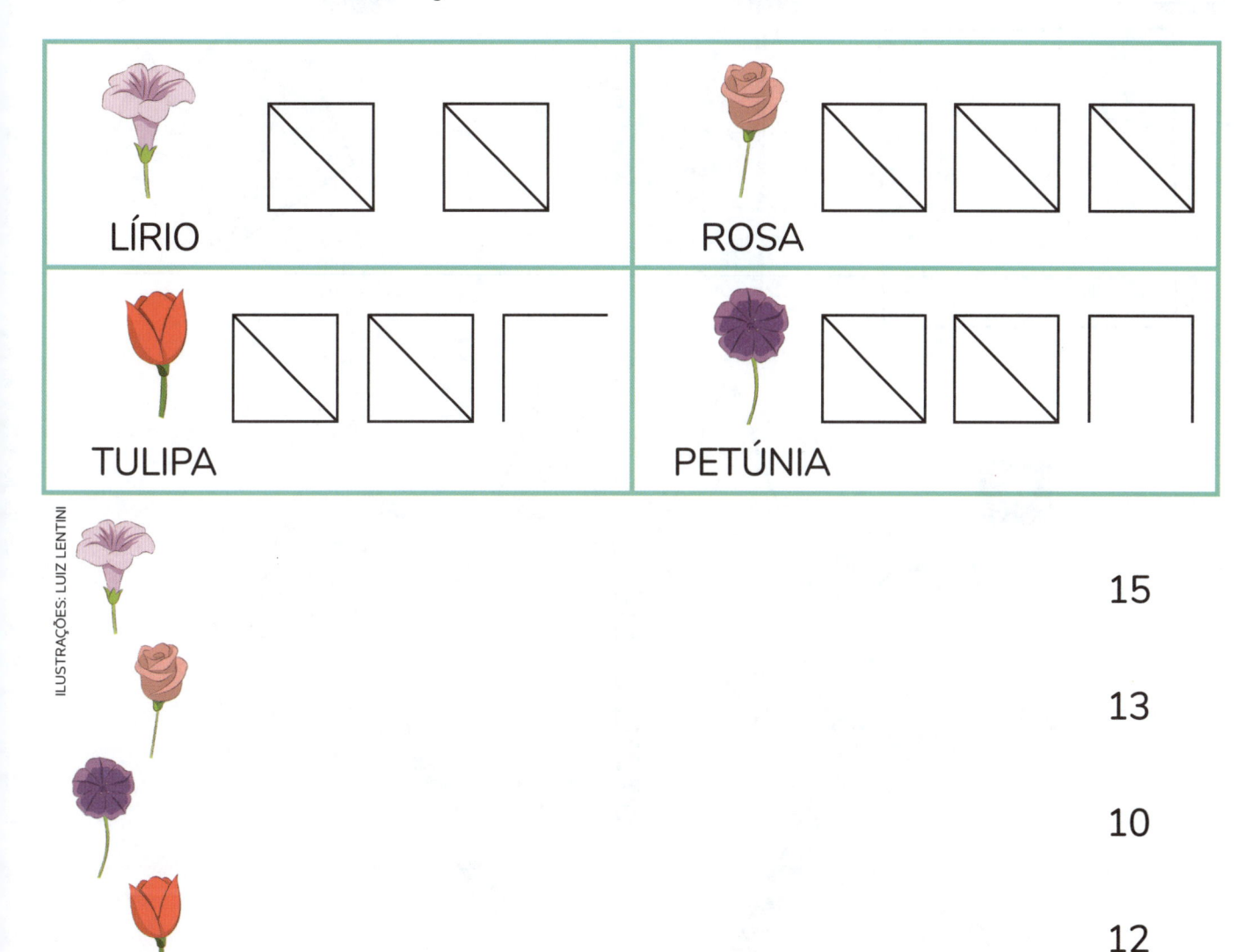

LÍRIO	ROSA
TULIPA	PETÚNIA

15

13

10

12

▼ Você tem uma flor preferida?
Observe o registro da votação e conte as quantidades. Depois, ligue cada tipo de flor à quantidade de votos recebidos.

QUE FLOR É ESSA?

NA FESTA DAS FLORES, EM UMA DAS ATIVIDADES PARA AS CRIANÇAS, ELAS APRENDERAM A FAZER UMA DOBRADURA DE FLOR: UMA **TULIPA**. VEJA O PASSO A PASSO A SEGUIR.

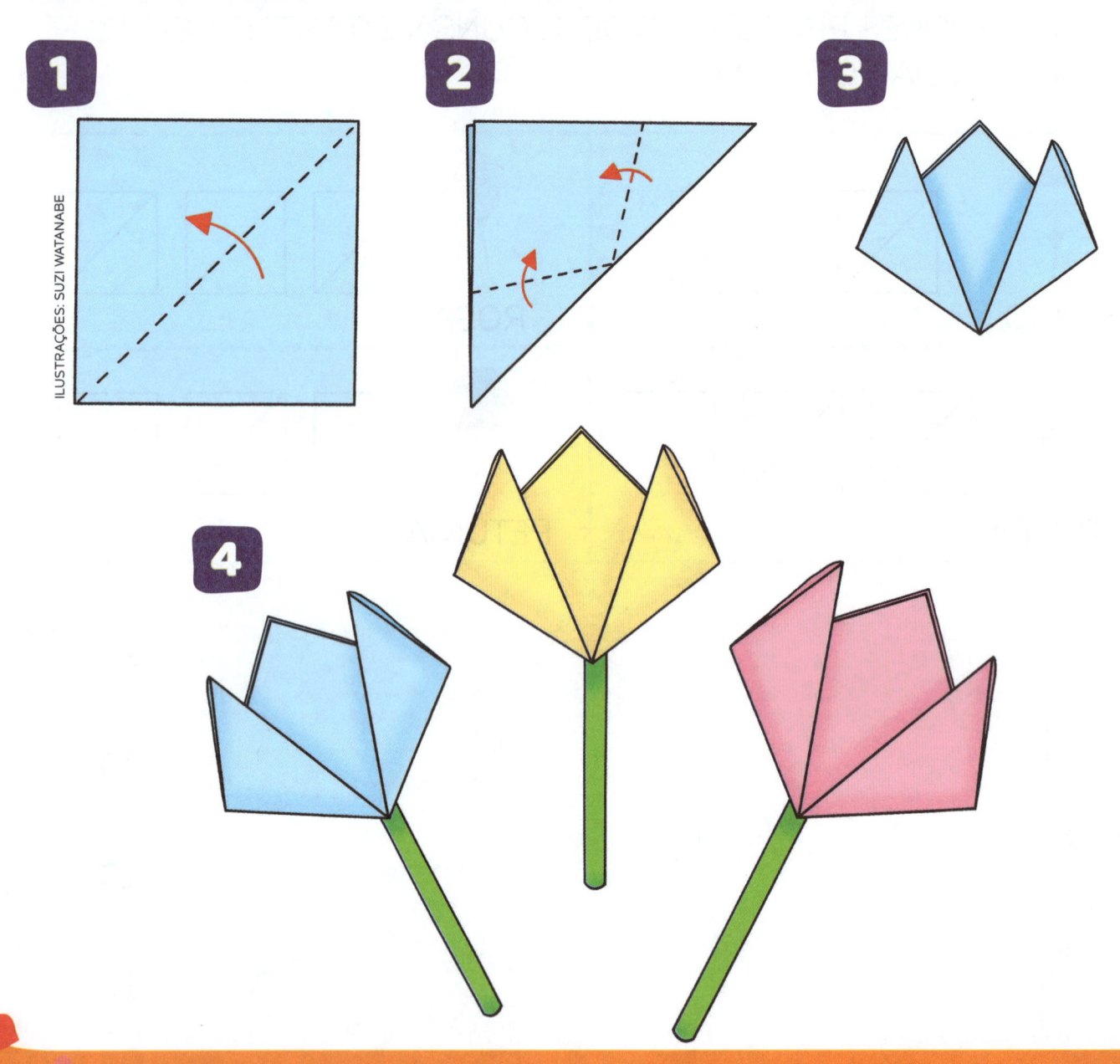

1

2

3

4

ILUSTRAÇÕES: SUZI WATANABE

▼ O que você sabe sobre tulipas?

O professor entregará a você um pedaço de papel para a dobradura. Siga o passo a passo e as orientações do professor para fazer uma tulipa. Depois, cole um palito de picolé na flor e entregue-a a um colega como presente.

PRESENTEAR COM FLORES

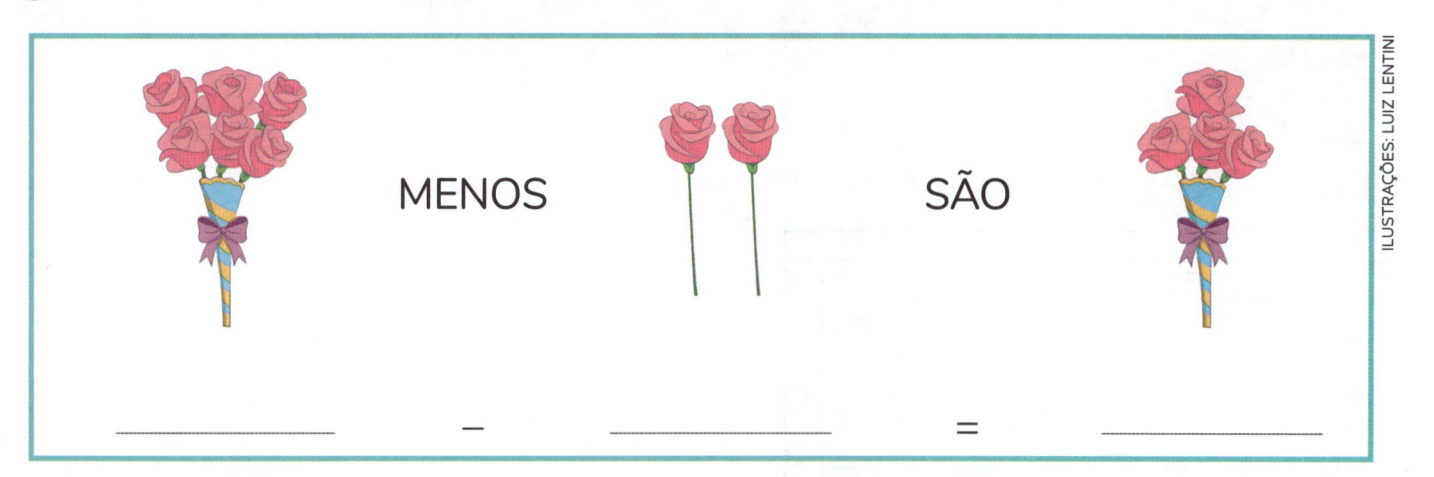

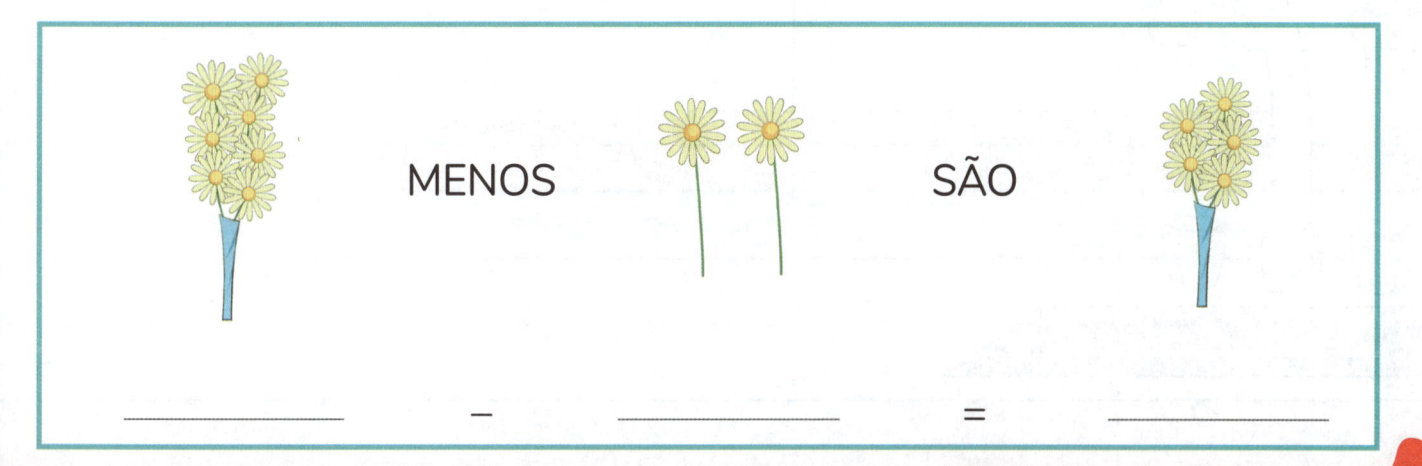

MENOS	SÃO		

_____ − _____ = _____

_____ − _____ = _____

_____ − _____ = _____

ILUSTRAÇÕES: LUIZ LENTINI

▼ Você costuma presentear as pessoas com flores?
▼ Você já viu alguma pessoa recebendo flores de presente?

Observe as flores de cada buquê, conte quantas foram dadas de presente e veja quantas flores restaram. Depois, complete os espaços com os números correspondentes.

UNIDADE 2

UM DIA DE CHEF

- Você conhece bem a cozinha do lugar onde você mora?
- O que tem nela?

  Conte para os colegas e o professor.

- Você já viu como é a cozinha de um restaurante?

  Observe a imagem da página de abertura e conheça a cozinha desse *chef*. Então, destaque os utensílios da página 399 do encarte e cole-os na imagem para completar a cozinha.

- Quantos utensílios de cozinha você colou?

▶ ORGANIZANDO A COZINHA

1 GRUPO ☐   2 GRUPOS ☐   3 GRUPOS ☐

Para organizar a cozinha, o *chef* separou as canecas em grupos de **10** unidades. Ajude-o pintando as canecas com cores diferentes para agrupá-las de **10** em **10**.
▼ Quantos grupos de **10** canecas você formou?
Pinte o quadrinho que representa a quantidade de grupos que você formou.
▼ Quantas canecas há ao todo?

POTES, TIGELAS E BACIAS

Na cozinha do *chef*, existem utensílios de diversos tamanhos.

Destaque as figuras da página 417 do encarte e cole-as na página organizando os utensílios de **mesmo** tipo na mesma prateleira, do **menor** para o **maior**.

▼ De que outra forma os utensílios poderiam ser organizados nas prateleiras?

SALEIROS EM ORDEM

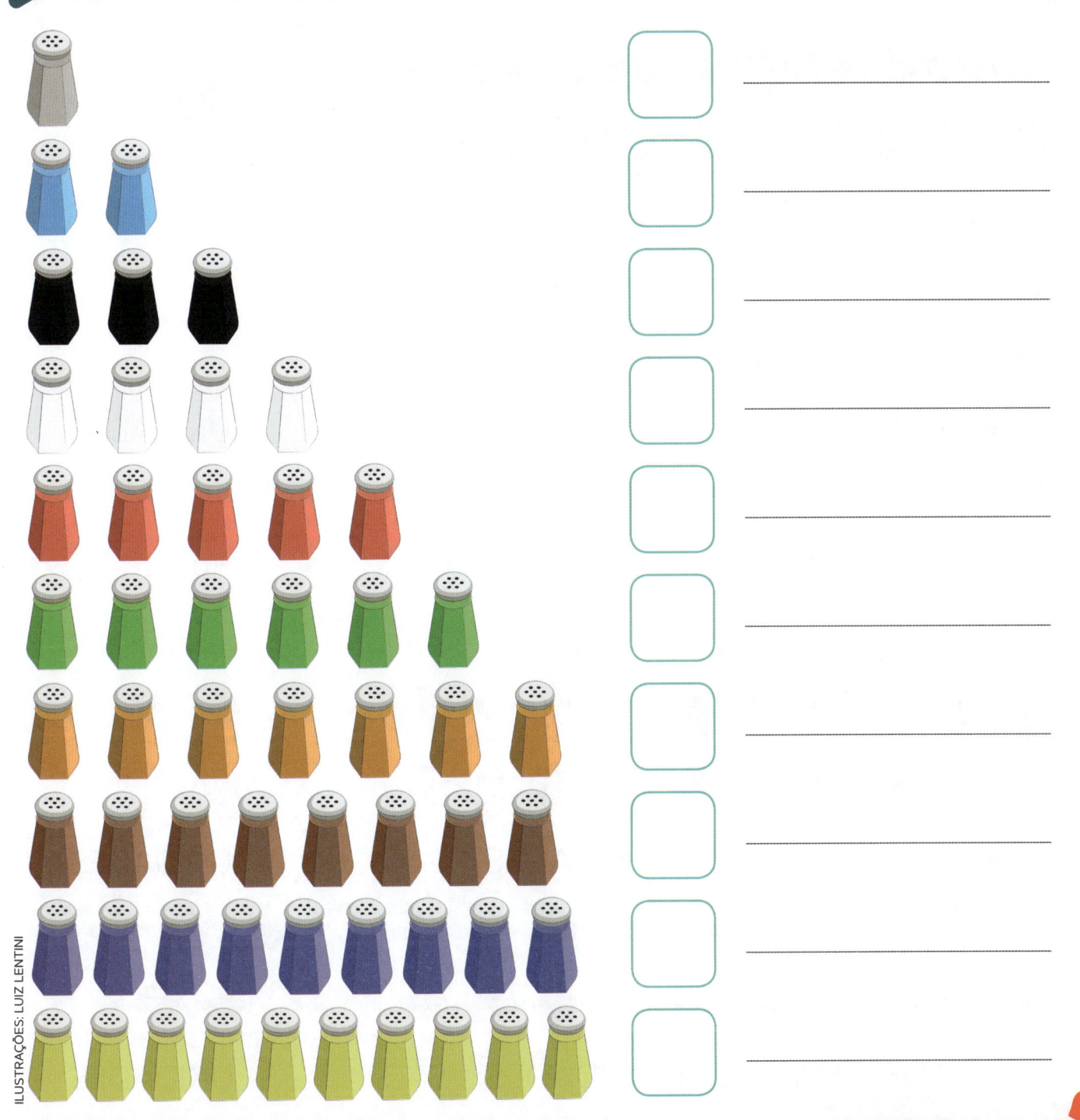

☐ _____

☐ _____

☐ _____

☐ _____

☐ _____

☐ _____

☐ _____

☐ _____

☐ _____

☐ _____

ILUSTRAÇÕES: LUIZ LENTINI

Observe os saleiros da cozinha do *chef*: eles estão organizados por cor.

Conte as quantidades, registre o número e escreva o nome dele da maneira que souber.

▼ Qual seria a ordem das cores dos saleiros se os números fossem organizados em **ordem decrescente**?

UTENSÍLIOS PARA O CAFÉ

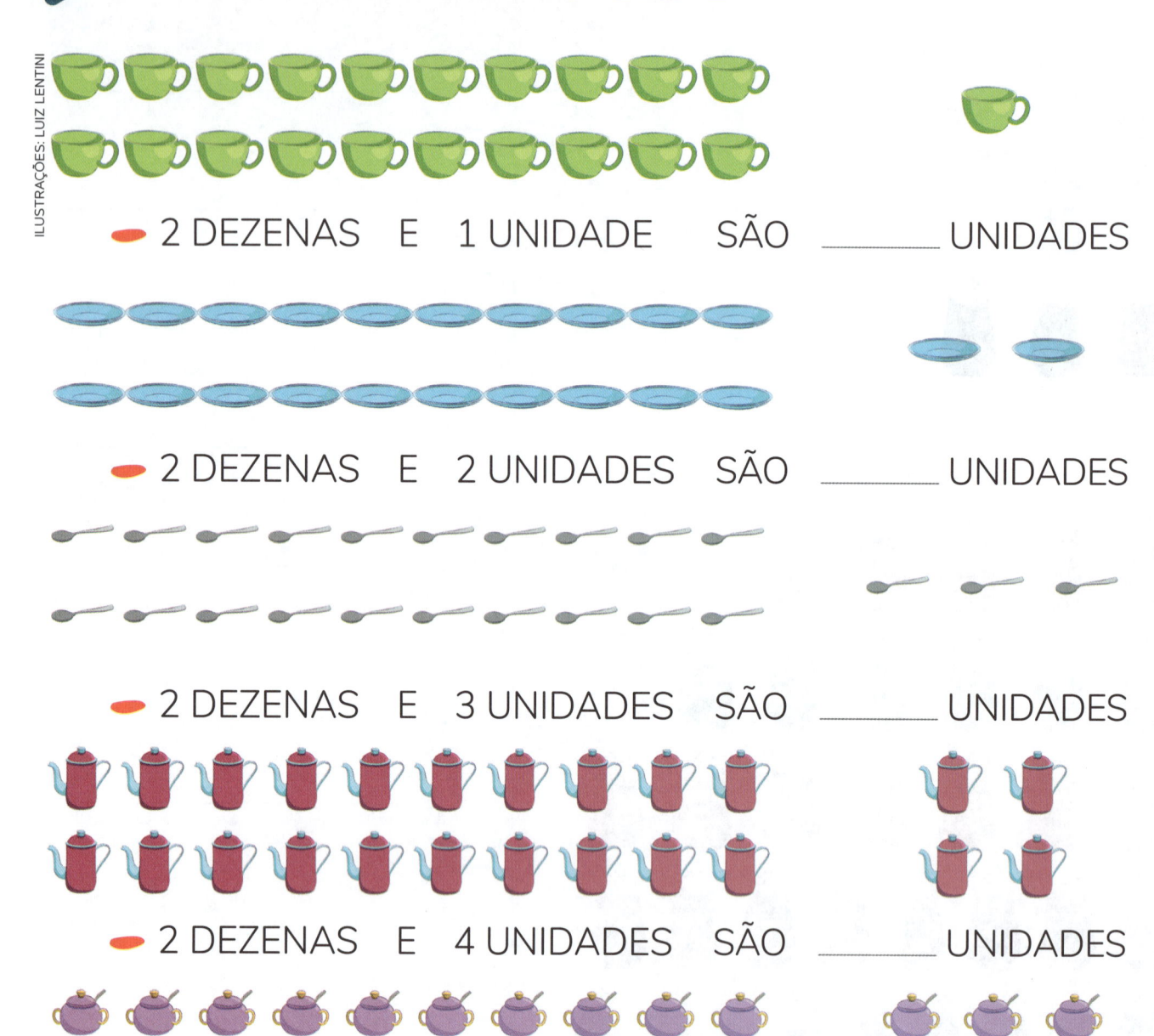

ILUSTRAÇÕES: LUIZ LENTINI

- 2 DEZENAS E 1 UNIDADE SÃO _____ UNIDADES

- 2 DEZENAS E 2 UNIDADES SÃO _____ UNIDADES

- 2 DEZENAS E 3 UNIDADES SÃO _____ UNIDADES

- 2 DEZENAS E 4 UNIDADES SÃO _____ UNIDADES

- 2 DEZENAS E 5 UNIDADES SÃO _____ UNIDADES

Na cozinha do *chef*, há utensílios para todas as refeições, inclusive para o cafezinho.
Junte as quantidades de cada tipo de utensílio, conte os elementos e escreva quantos há no total.

NO JANTAR

EM UM JANTAR OFERECIDO PELO CHEF, FORAM DISTRIBUÍDOS GARFOS E FACAS PARA **10** CONVIDADOS. CADA CONVIDADO RECEBEU UM TALHER DE CADA TIPO.

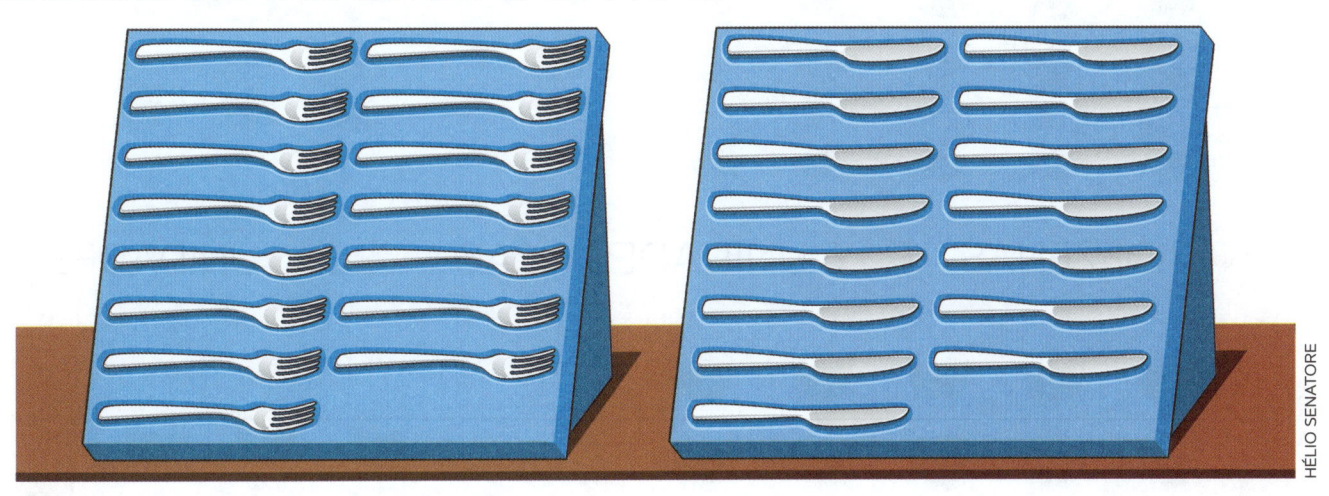

- QUANTOS GARFOS FORAM UTILIZADOS? ☐

- QUANTAS FACAS FORAM UTILIZADAS? ☐

- QUANTOS TALHERES FORAM UTILIZADOS AO TODO? ☐

_____ + _____ = _____

PARA JUNTAR QUANTIDADES, FAZEMOS UMA **ADIÇÃO**. NESSA OPERAÇÃO MATEMÁTICA, UTILIZAMOS OS SINAIS DE **+** (MAIS) E **=** (IGUAL).

▼ Como são distribuídos os talheres nas refeições?

Resolva a situação-problema circulando a quantidade de cada talher utilizado no jantar.

Depois, escreva nos espaços os números correspondentes e complete a **adição**.

UTENSÍLIOS DE SOBREMESA

ILUSTRAÇÕES: HÉLIO SENATORE

- 2 DEZENAS   E   6 UNIDADES   SÃO _____ UNIDADES

- 2 DEZENAS   E   7 UNIDADES   SÃO _____ UNIDADES

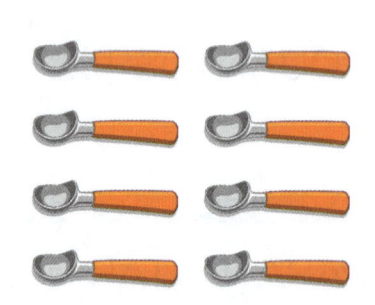

- 2 DEZENAS   E   8 UNIDADES   SÃO _____ UNIDADES

▼ Você formou novos números nas atividades anteriores?
▼ Vamos descobrir como formamos mais números?
   Na cozinha do *chef* também há utensílios de sobremesa.
   Junte as dezenas com as unidades e escreva o número correspondente à quantidade total de cada utensílio.
▼ Que números você formou?

AS FORMAS NA COZINHA

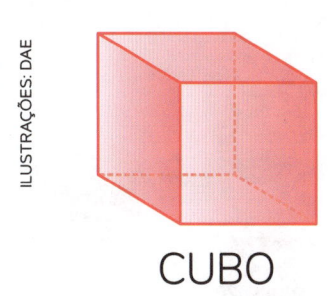

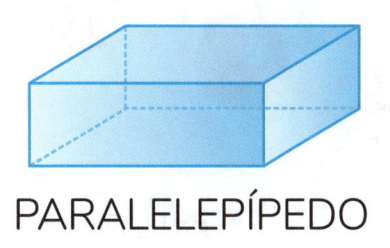

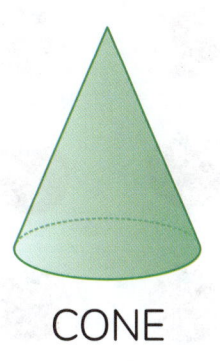

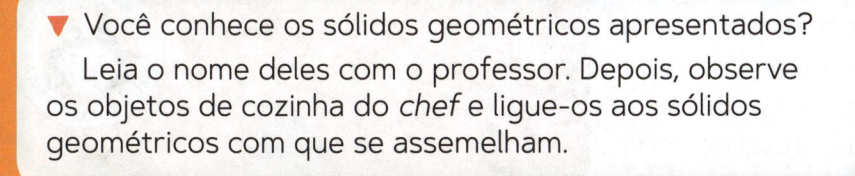

CUBO

PARALELEPÍPEDO

CONE

ESFERA

▼ Você conhece os sólidos geométricos apresentados?
Leia o nome deles com o professor. Depois, observe os objetos de cozinha do *chef* e ligue-os aos sólidos geométricos com que se assemelham.

COMPRAS PARA COZINHAR

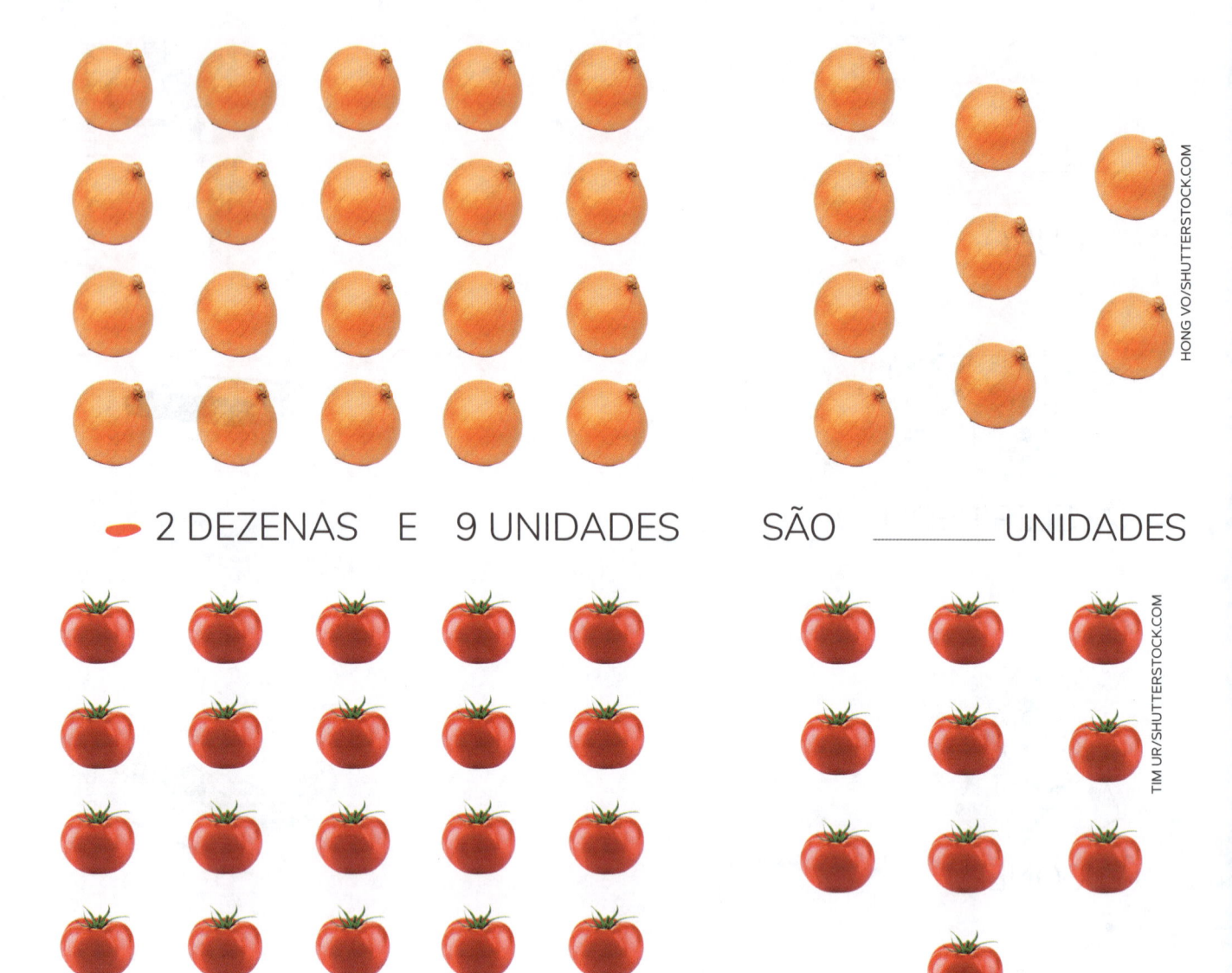

- 2 DEZENAS E 9 UNIDADES SÃO _____ UNIDADES

- 2 DEZENAS E 10 UNIDADES SÃO _____ UNIDADES

- QUANTAS DEZENAS SÃO **30** UNIDADES? _____

▼ Que alimentos você acha que o *chef* precisa para cozinhar uma refeição?

Junte as dezenas com as unidades e escreva o número correspondente à quantidade total de cada alimento. Depois, responda à pergunta.

TAREFA PARA CASA 2

O GOSTO DA COMIDA

PIMENTA.

CRAVO.

SAL.

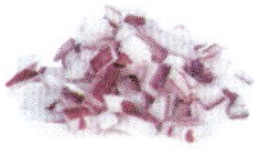

CEBOLA.

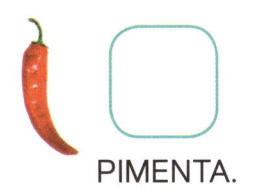

COLORAU.

LOURO.

SEM TEMPERO NÃO DÁ PÉ

A COMIDA SEM AMOR E SEM TEMPERO
FICA LAVADA, SEM SABOR E SEM CHEIRO,
SEM O SEGREDO DO COZINHEIRO.
NÃO BASTA DIZER ABRACADABRA.
É PRECISO UMA PITADA
DE CRAVO, PIMENTA E NOZ-MOSCADA.
E SE A COMIDA ANDA TRISTONHA,
SEM SAL, SEM COR, NADA RISONHA,
O JEITO É ALEGRAR O CALDEIRÃO
COM COLORAU, ALECRIM E MANJERICÃO;
O JEITO É AQUELE GOSTINHO
DE CEBOLA, LOURO E COMINHO,
UM POUCO DE AZEITE E VINAGRE,
E EIS QUE ESTÁ PRONTO O MILAGRE
DA COMIDA BEM PREPARADA,
POR TODOS APRECIADA.

JONAS RIBEIRO.

MANJERICÃO.

NOZ--MOSCADA.

ALECRIM.

AZEITE.

COMINHO.

VINAGRE.

▼ Você já viu alguém cozinhar?
▼ O que você acha que é o segredo do cozinheiro para a comida ficar gostosa?
  Leia o texto com o professor e numere os temperos na ordem em que são citados.
▼ Quantos temperos foram citados?
▼ Você sabe nomear mais **1 dúzia** de temperos diferentes?

SALADA DE FRUTAS DO CHEF

MEIO OU METADE?

UM PRA MIM, OUTRO PRA VOCÊ
UM PRA MIM, OUTRO PRA VOCÊ
CONTAMOS O TODO
SEPARANDO AS QUANTIDADES
CADA UM COM SEU MONTE
TERMINARÁ COM A METADE.

TEXTO ESCRITO ESPECIALMENTE PARA ESTA OBRA.

MEIA DEZENA

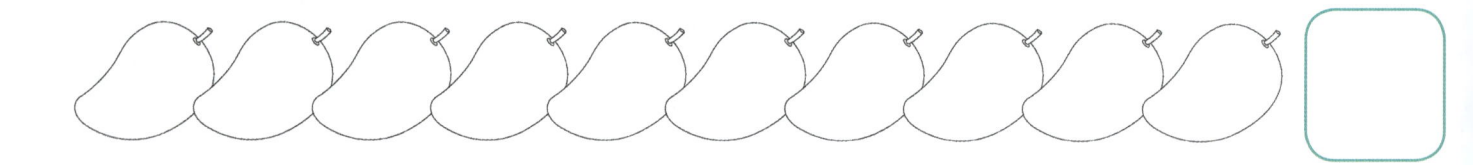

MEIA DÚZIA

Ouça o texto que o professor lerá.

▼ Como podemos descobrir a metade de uma quantidade?

A sobremesa do *chef* é uma salada de frutas. Ele usa **meia dezena** de mangas e **meia dúzia** de abacaxis para fazer a salada.

Conte as mangas e os abacaxis ilustrados e pinte apenas a quantidade que o *chef* usa na salada. Depois, escreva o número correspondente nos quadrinhos.

NO SUPERMERCADO

— QUANTAS SACOLAS SOBRARAM SEM USAR?

_____ — _____ = _____

▼ Você já foi ao supermercado fazer compras? Como costuma carregar as compras?

O *chef* foi ao supermercado e levou **5** sacolas para carregar as compras. Circule na cena as sacolas que ele **encheu** de compras e faça um **X** nas que ficaram **vazias**.

▼ Quantas sacolas ele **encheu**?
▼ Quantas sacolas ficaram **vazias**?

SER CIDADÃO

SUPERMERCADOS TERÃO QUE ELIMINAR SACOLAS PLÁSTICAS DESCARTÁVEIS

LEI QUE ENTRA EM VIGOR EM TODO O ESTADO DO RIO DE JANEIRO OBRIGA ESTABELECIMENTOS A ADOTAREM EMBALAGENS RECICLÁVEIS E BIODEGRADÁVEIS

[...] OS SUPERMERCADOS DO ESTADO DO RIO DE JANEIRO ESTARÃO PROIBIDOS DE OFERECER SACOLAS PLÁSTICAS DESCARTÁVEIS AOS CLIENTES.

OS ESTABELECIMENTOS DEVERÃO OFERECER SACOLAS CONFECCIONADAS COM MATERIAIS RECICLÁVEIS E BIODEGRADÁVEIS. [...]

PARA CONSCIENTIZAR OS CONSUMIDORES SOBRE O MALEFÍCIO QUE AS SACOLAS PLÁSTICAS TRAZEM PARA O MEIO AMBIENTE E INCENTIVAR A MUDANÇA DE HÁBITO, A ASSOCIAÇÃO DE SUPERMERCADOS DO ESTADO DO RIO DE JANEIRO (ASSERJ) LANÇOU [...] A CAMPANHA DESPLASTIFIQUE JÁ!

SUPERMERCADOS TERÃO QUE ELIMINAR SACOLAS PLÁSTICAS DESCARTÁVEIS. **VIU!**, CAMPOS DOS GOYTACAZES, 25 JUN. 2019. SEÇÃO MEIO AMBIENTE. DISPONÍVEL EM: WWW.PORTALVIU.COM.BR/MEIO-AMBIENTE/SUPERMERCADOS-TERAO-QUE-ELIMINAR-SACOLAS-PLASTICAS-DESCARTAVEIS. ACESSO EM: 23 MAR. 2023.

SACOLA BIODEGRADÁVEL.

▼ Você cuida do meio ambiente? Como?

Leia com o professor a notícia que fala de uma ação para ajudar na preservação do meio ambiente e converse com os colegas sobre esse assunto.

▼ O que pode ser usado no lugar de sacolas plásticas descartáveis?

Com os colegas e o professor, pesquisem **meia dúzia** de alternativas que podem ser usadas para carregar compras em vez de sacolas plásticas. Registre em folha à parte.

▶ RECEBENDO AS COMPRAS

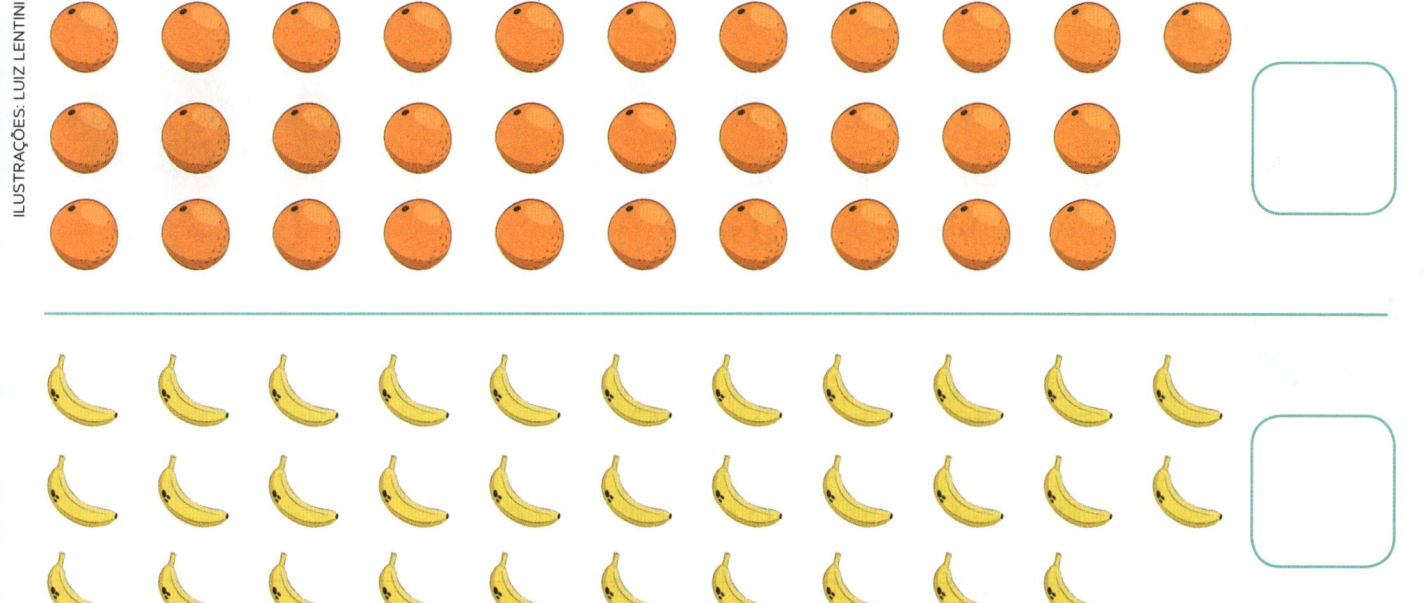

ILUSTRAÇÕES: LUIZ LENTINI

Muita mercadoria chegou na cozinha do *chef*!
▼ Quantas unidades de cada alimento foram encomendadas por ele?

Observe as frutas, circule-as formando grupos de **10** e conte quantas frutas de cada tipo chegaram. Registre o número nos quadrinhos.

SALADAS DO CHEF

20. SALADA AMERICANA
21. SALADA CAPRESE
22. SALADA DE ACELGA
_____. SALADA DE BATATAS COM MILHO
_____. SALADA DE BERINJELA
_____. SALADA DE ERVILHA
_____. SALADA DE ESPINAFRE COM PRESUNTO
_____. SALADA DE GRÃO-DE-BICO
_____. SALADA DE KANI
_____. SALADA DE LEGUMES
_____. SALADA DE LENTILHA
_____. SALADA DE MACARRÃO
_____. SALADA DE QUINOA
_____. SALADA DE REPOLHO
_____. SALADA GREGA
_____. SALADA ITALIANA DE PÃO
_____. SALADA PRIMAVERA COM MORANGOS
_____. SALADA QUATRO ESTAÇÕES
_____. SALADA VERÃO
_____. SALADA VERDE COM FRANGO
_____. SALADA WALDORF

CLAUDIA MARIANNO

▼ Você já viu um livro de receitas?
  Observe o sumário da parte de saladas do livro de receitas do *chef* e continue numerando as saladas em ordem.
▼ Qual dessas saladas você acha que é a mais saborosa?

▶ # INGREDIENTES

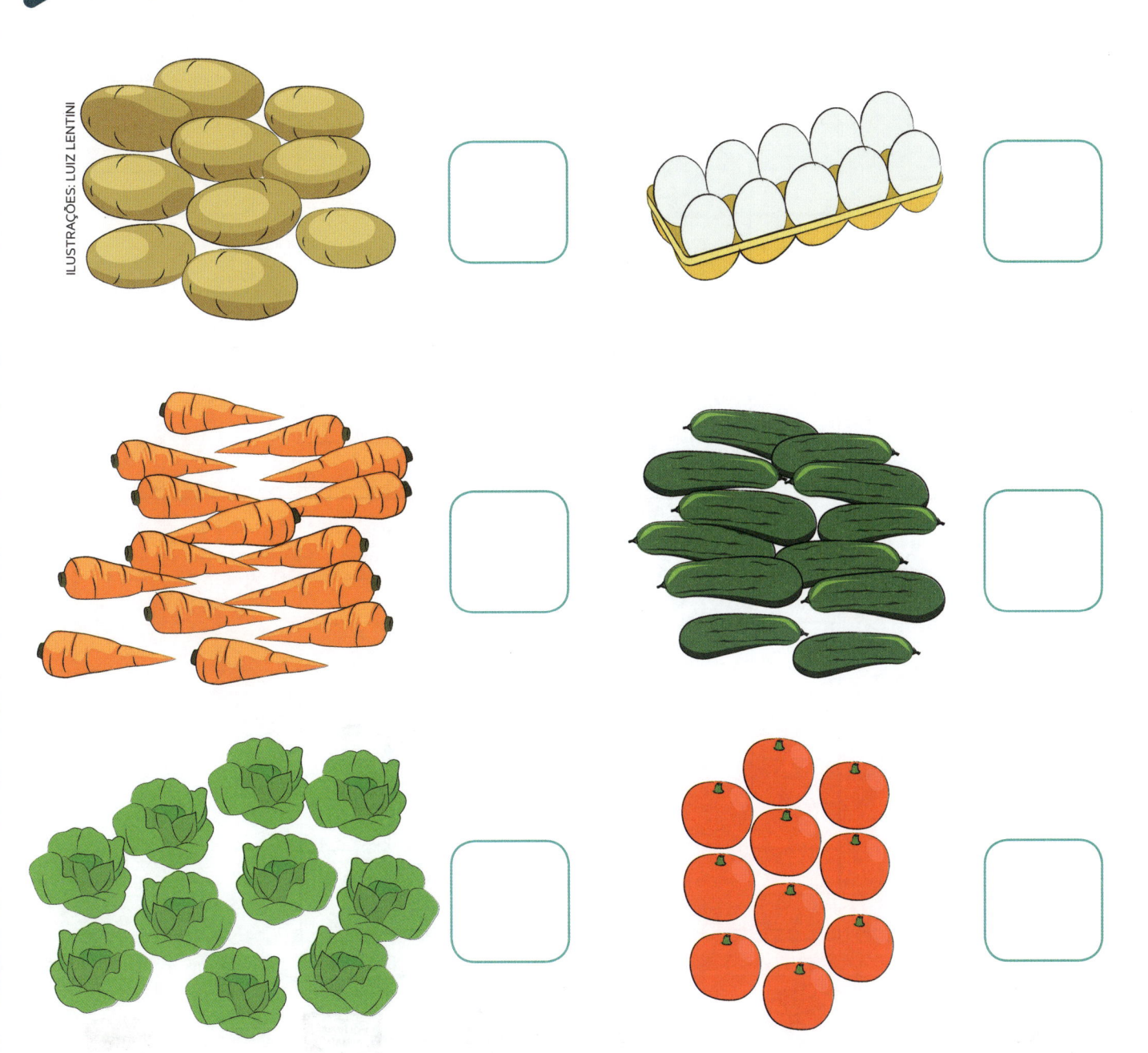

ILUSTRAÇÕES: LUIZ LENTINI

4 DEZENAS = 40 UNIDADES

Para o preparo das saladas, alguns ingredientes foram comprados. Conte as quantidades e escreva o número.

▼ Quais alimentos aparecem em **10 unidades**? Circule-os.
▼ Quantos grupos você circulou?
▼ Quatro dezenas formam que quantidade?

▶ **AS COMPRAS CHEGARAM**

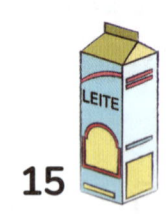

| 18 | 15 | 13 | 14 | 19 |

ILUSTRAÇÕES: LUIZ LENTINI

As compras chegaram e o *chef* pediu à equipe que os alimentos fossem separados para conferência e contagem.

Observe a quantidade de cada alimento e registre-a no gráfico de colunas pintando um quadrinho para cada unidade.

▼ Qual foi o alimento comprado em **maior** quantidade?

▶ E SOBREMESAS PARA TERMINAR

- ▼ Você gosta de sobremesa?
  Observe as sobremesas feitas pelo *chef* e forme **pares** pintando com a **mesma** cor as sobremesas **iguais**.
- ▼ Quantos **pares** você formou?
- ▼ Quantas sobremesas ficaram sem **par**?
  Faça um **X** nas sobremesas que ficaram sem **par**.

UNIDADE 3
PASSEIO À FAZENDA

Destaque as figuras da página 401 do encarte e cole-as nestas páginas para completar a cena.

- Você sabe que lugar é esse?
- O que você sabe sobre ele?
- Que espécie de animal aparece em **maior** quantidade na cena?
- Quantas pessoas você vê nela?
- Onde você acha que é possível usar a Matemática no dia a dia da fazenda?

Com os colegas e o professor, embarque nesse passeio pela fazenda e, juntos, façam novas descobertas com os números e a Matemática.

ALEXANDRE MATOS

ANIMAIS DA FAZENDA

- QUAL ANIMAL HÁ EM **MAIOR** QUANTIDADE? _____

- QUAL ANIMAL HÁ EM **MENOR** QUANTIDADE? _____

▼ Você sabe interpretar os dados do gráfico?
▼ Que informações você identifica?

Observe o gráfico com a quantidade de cada tipo de animal da fazenda ilustrada nas páginas de abertura desta unidade. Depois, responda às questões.

▼ Quais animais aparecem na **mesma** quantidade?

TEM HORTA NA FAZENDA

NA FAZENDA É ASSIM: TEM ANIMAIS, GENTE, HORTA, POMAR E JARDIM.

- QUANTOS PÉS DE ALFACE HÁ EM CADA CAIXA? _____

- QUANTOS PÉS DE ALFACE HÁ NO TOTAL? _____

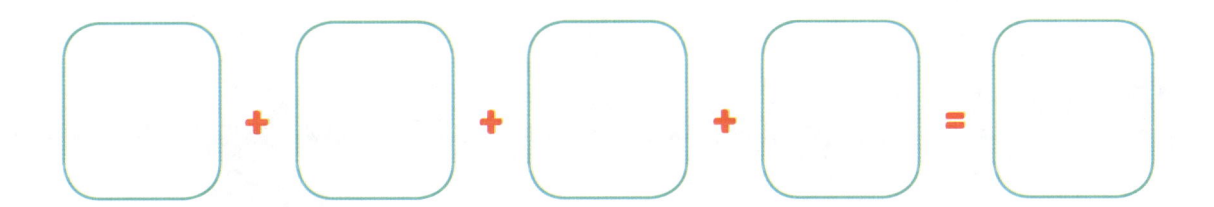

☐ + ☐ + ☐ + ☐ = ☐

▼ Você já viu uma horta?
▼ Se viu, que alimentos estavam plantados?
  Observe a imagem e responda às perguntas. Depois, escreva nos quadrinhos a quantidade de pés de alface de cada caixa e junte-as para saber quantos há ao todo.
▼ Que quantidade total de pés de alface você encontrou?

▶ **TEM BOLO NA FAZENDA**

▼ Você já plantou alimento em uma horta?

Muitas fazendas têm horta. Uma fazendeira tinha **26** cenouras plantadas em sua horta e colheu **12** cenouras para fazer bolos.

Faça um risco em cada cenoura que ela colheu e conte as cenouras que restaram. Escreva o número no quadrinho

▶ CONVERSA DE JARDIM

A ROSA PERGUNTOU À ROSA:
— QUAL É A ROSA MAIS ROSA QUE EXISTE?
A ROSA RESPONDEU PARA A ROSA:
— A ROSA MAIS ROSA É A ROSA COR-DE-ROSA.

TRAVA-LÍNGUA.

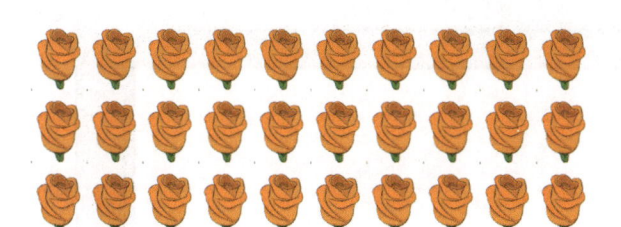

4 DEZENAS

1 DEZENA

2 DEZENAS

3 DEZENAS

40 _____ 42 _____ 44 _____ _____ _____ 48 _____

▼ Você já viu rosas?
▼ Se sim, de que cores elas eram?
Ouça o texto que o professor lerá. Depois, observe os grupos de rosas, conte as unidades de cada grupo e faça a correspondência.
Por fim, escreva os números que faltam para completar a sequência.

COLHENDO FLORES

- QUANTAS ROSAS FORAM COLHIDAS AO TODO? _____
- QUANTAS ROSAS FORAM COLOCADAS EM CADA VASO? _____

_____ + _____ + _____ = _____

▼ Que tal colher algumas rosas do jardim e organizá-las em vasos?

Para decorar a casa da fazenda foram colhidas rosas do jardim e distribuídas em **3** vasos diferentes.

Pinte as rosas e observe como elas foram distribuídas nos vasos. Depois, responda às questões.

ELAS GANHARAM ROSAS!

A fazendeira recebeu visita de **2** amigas e decidiu presenteá-las com as rosas de um dos vasos.

▼ Como será que ela fez para distribuir a mesma quantidade de rosas para as **2** amigas?

Destaque as figuras da página 397 do encarte e cole-as nesta página de modo que cada amiga fique com a mesma quantidade de flores.

▼ Quantas rosas cada uma recebeu?

▶ UM DIA NA FAZENDA

QUANDO O SOL NEM DESPONTAVA
ELE JÁ ESTAVA EM PÉ
E UM QUI-QUI-RI-QUI CANTAVA
O FORMOSO GARNISÉ.

E AS GALINHAS ABRINDO AS ASAS
DEIXAVAM DELAS SAIR,
SE ESPREGUIÇANDO MATREIROS,
OS PINTINHOS BARULHENTOS
A CORRER PELO GALINHEIRO. [...]

A VAQUINHA MUGIA AQUI
A CABRITA BERRAVA ALI
E O SOL LENTAMENTE SUBIA
ILUMINANDO MAIS UM DIA
NA FAZENDA BEM-TE-VI.

MÁRCIA GLÓRIA RODRIGUEZ DOMINGUEZ. **A FAZENDA BEM-TE-VI**. 2. ED. SÃO PAULO: EDITORA DO BRASIL, 2008. P. 2-3 E 5.

LUIZ LENTINI

- QUANTOS PINTINHOS HÁ?

- QUANTOS GRUPOS DE **2** PINTINHOS VOCÊ FORMOU?

▼ Se você não mora em uma fazenda, já visitou ou gostaria de conhecer uma?
▼ Em sua opinião, em uma fazenda há **muitos** ou **poucos** animais?
   Acompanhe a leitura do professor e pinte a figura da galinha com os pintinhos. Depois, circule os pintinhos agrupando-os de **2** em **2** e responda às perguntas.

QUEM É ELE?

QUI-QUI-RI-QUI

HÉLIO SENATORE

- 1 GALO **ENTRE** OS DEMAIS GALOS, **EM CIMA** DO POLEIRO
- 1 PINTINHO **EMBAIXO** DO POLEIRO
- 1 PINTINHO **PERTO** DO GALO DA **ESQUERDA**
- 2 PINTINHOS **PERTO** DO GALO DA **DIREITA**
- 1 PINTINHO **LONGE** DO POLEIRO

▼ O que você sabe sobre o galo garnisé?
Observe a cena, destaque as figuras da página 399 do encarte e cole-as de acordo com a legenda.

DESCUBRA O BICHO

VACA AMARELA

VACA AMARELA
BABOU NA PANELA.
QUEM FALAR PRIMEIRO
COME TODA A BABA DELA.
ECA!

PARLENDA.

— UMA VACA TEM **4** PATAS. QUANTAS PATAS TÊM **5** VACAS JUNTAS? _____

ILUSTRA CARTOON

Ligue os pontos seguindo a ordem dos números do **menor** para o **maior** e você descobrirá um animal que vive na fazenda. Depois, pinte-o usando giz de cera.

▼ Você já viu esse animal de perto?

Converse sobre ele com os colegas e o professor e resolva o desafio. Se quiser, use material concreto como auxílio.

VAMOS CAVALGAR?

- EM RELAÇÃO AOS PERSONAGENS, A CASA ESTÁ LOCALIZADA:

  ☐ EM CIMA.   ☐ EMBAIXO.   ☐ ATRÁS.

- COM QUE MÃO O HOMEM ESTÁ SEGURANDO O CHAPÉU?

  ☐ ESQUERDA.   ☐ DIREITA.

- CIRCULE O ANIMAL QUE ESTÁ **AO LADO DO** CAVALO.
- FAÇA UM **X** NO ANIMAL QUE ESTÁ **À FRENTE DO** CAVALO.

Observe a cena de um dia na fazenda, ouça a leitura do professor e faça o que se pede. Depois, observe você mesmo no local em que está e tudo o que há a seu redor.

▼ Quem ou o que está do seu lado **esquerdo**? E do lado **direito**?
▼ O que está **embaixo** de você? E **em cima**?
▼ Há objetos a sua **frente**? E **atrás** de você?

CADA BICHO EM SEU LUGAR

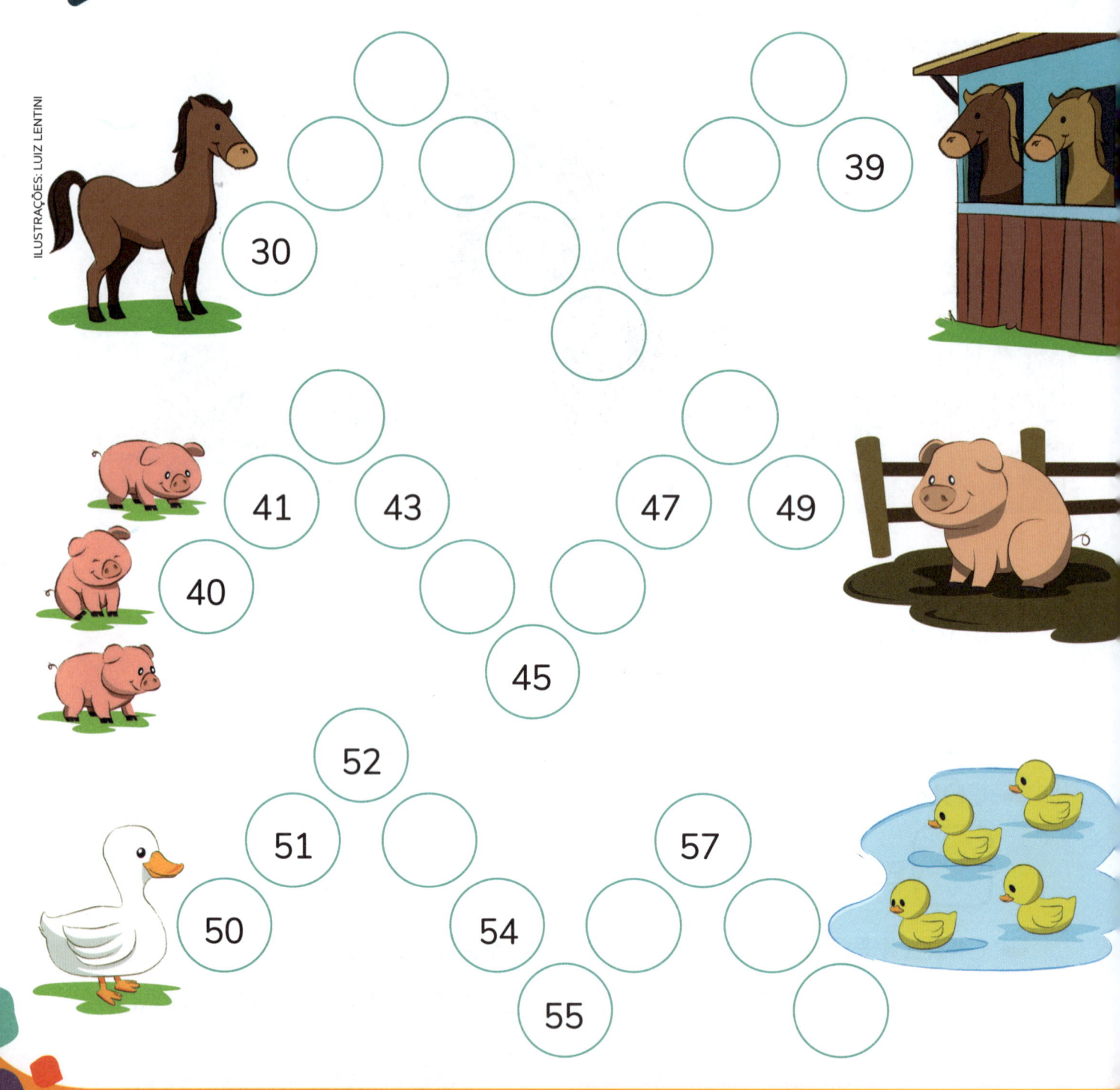

30 ... 39

40, 41, 43, 45, 47, 49

50, 51, 52, 54, 55, 57

▼ Quais números faltam em cada sequência?
 Descubra o segredo de cada sequência e complete-as com os números que faltam para levar os bichos a seus pares.

▼ O que você percebeu em cada sequência?

▶ **VAMOS VENDER!**

NA FAZENDA, OS PRODUTOS COLHIDOS DA HORTA E DO JARDIM QUE NÃO SERÃO CONSUMIDOS SÃO LEVADOS À FEIRA DA CIDADE PARA SEREM VENDIDOS.

ILUSTRAÇÕES: HÉLIO SENATORE

- 5 REAIS
- 2 REAIS
- 50 REAIS
- 20 REAIS
- 10 REAIS

▼ Como se chama o dinheiro que usamos atualmente no Brasil?

Observe as cédulas e as figuras e diga em voz alta o valor de cada uma delas. Depois, ligue cada cédula ao produto que pode ser pago com ela sem que sobre troco.

▼ Qual é o produto mais **caro**?

▼ E o mais **barato**?

COMPRANDO MAIS PRODUTOS NA FEIRA

ILUSTRAÇÕES: HÉLIO SENATORE

🟡	2 REAIS	🥭	5 REAIS
🟡🟡	____ REAIS	🥭🥭	____ REAIS
🟡🟡🟡	____ REAIS	🥭🥭🥭	____ REAIS
🟡🟡🟡🟡	____ REAIS	🥭🥭🥭🥭	____ REAIS
🟡🟡🟡🟡🟡🟡	____ REAIS	🥭🥭🥭🥭🥭	____ REAIS

▼ Quantos reais são necessários para comprar mais quantidades de goiabas e mangas?

De acordo com os preços da feira e as quantidades indicadas, complete o quadro colocando os preços em reais. Destaque as figuras de moedas e cédulas de dinheiro das páginas 419 e 421 do encarte e use-as para auxiliá-lo nesta e em outras atividades.

CONTANDO OVOS

ROSINHA TRABALHA EM UMA FAZENDA E TODOS OS DIAS, BEM CEDINHO, RECOLHE OS OVOS DO GALINHEIRO E OS ORGANIZA DE **10** EM **10** NAS BANDEJAS.

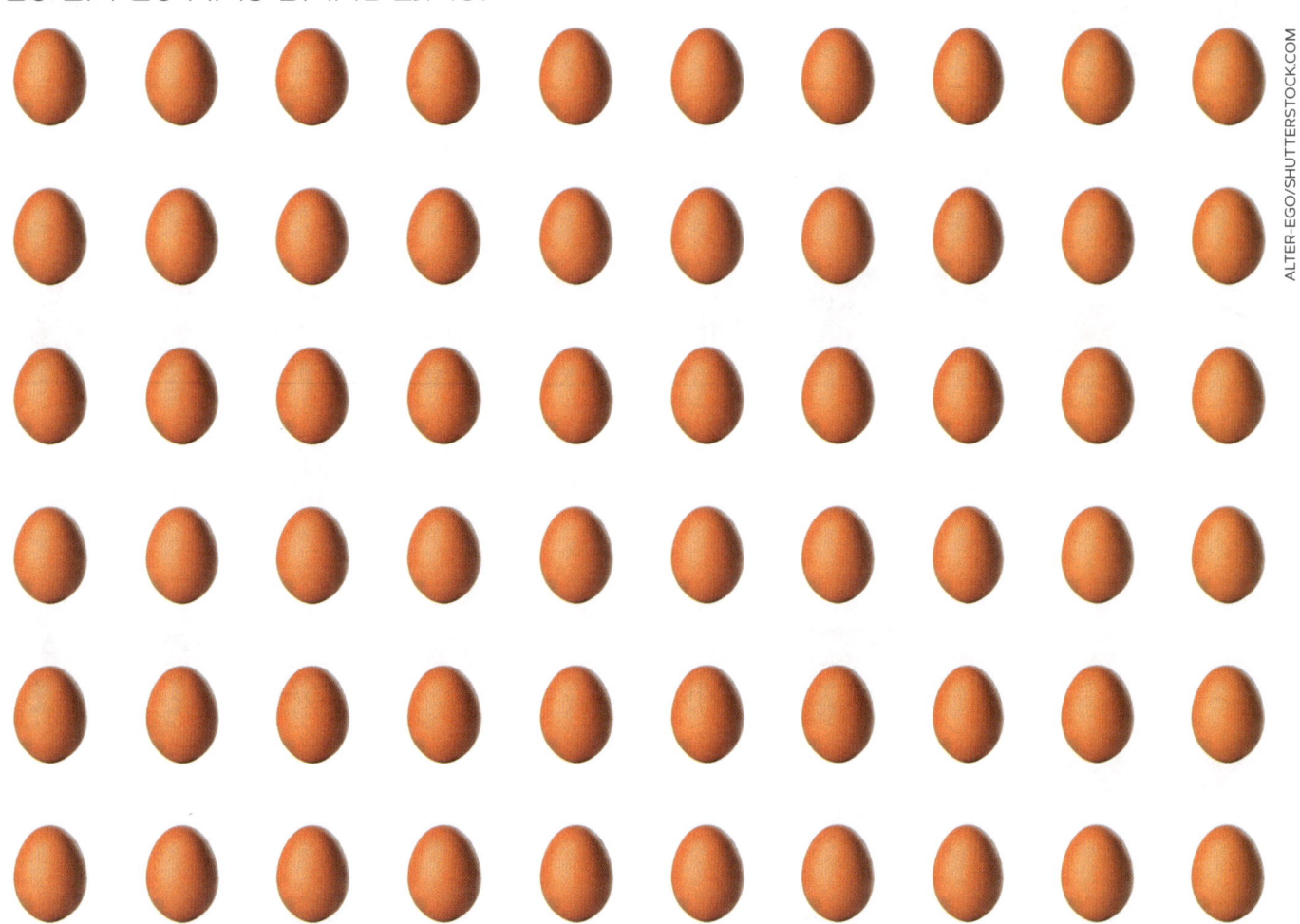

- QUANTAS DEZENAS VOCÊ FORMOU? _____
- QUANTAS UNIDADES HÁ AO TODO? _____

Acompanhe a leitura do professor. Depois, circule os ovos formando grupos de **10** e respondas às perguntas.
▼ Quantos ovos Rosinha recolheu do galinheiro essa manhã?

OVOS NA CULINÁRIA DA FAZENDA

MENOS ... SÃO

___ − ___ = ___

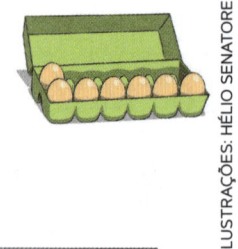

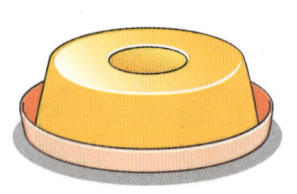

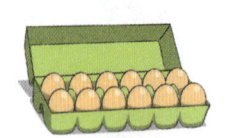

MENOS ... SÃO

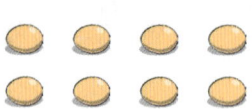

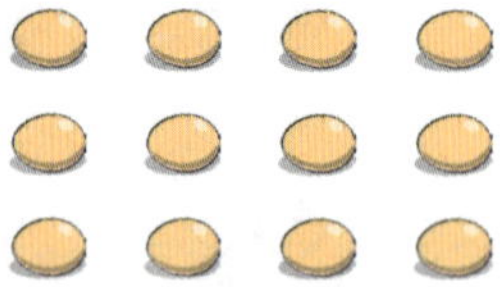

___ − ___ = ___

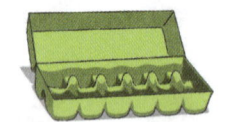

MENOS ... SÃO

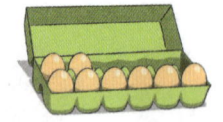

___ − ___ = ___

PARA RETIRAR QUANTIDADES, FAZEMOS UMA **SUBTRAÇÃO**. NESSA OPERAÇÃO MATEMÁTICA USAMOS OS SINAIS DE − (MENOS) E = (IGUAL).

▼ Você costuma comer ovos?

Observe os ovos nas caixas, conte quantos foram usados em cada receita e complete os espaços com os números correspondentes. Por fim, circule onde há ausência de ovos e sublinhe o número que representa essa **ausência de quantidade**.

DELÍCIAS DA FAZENDA

DOCE DE BANANA CASEIRO

INGREDIENTES:
- **10** BANANAS MADURAS;
- **3** XÍCARAS DE AÇÚCAR.

MODO DE FAZER

AMASSE AS BANANAS COM UM GARFO, ACRESCENTE O AÇÚCAR E MISTURE BEM. LEVE AO FOGO BAIXO E MEXA ATÉ DESPRENDER DO FUNDO DA PANELA. DESPEJE EM UM PRATO, ESPERE ESFRIAR E ESTÁ PRONTO PARA SERVIR.

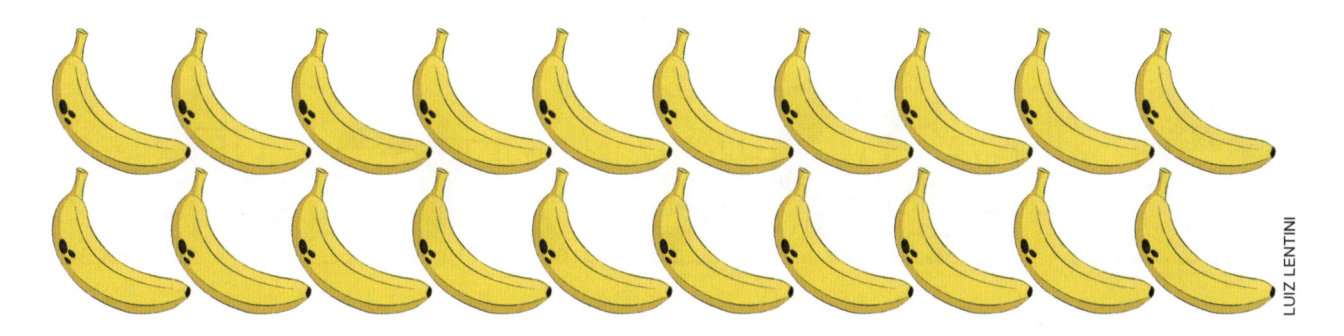

LUIZ LENTINI

- QUANTAS BANANAS RESTARAM? _____
- COM A QUANTIDADE DE BANANAS QUE SOBROU SERIA POSSÍVEL FAZER MAIS UMA RECEITA DO DOCE?

  ☐ SIM.   ☐ NÃO.

▼ Você já experimentou doce de banana?
Ouça a leitura do professor e faça um risco nas bananas que foram usadas na receita. Depois, responda às perguntas.

TAREFA PARA CASA 3

UNIDADE 4

EXCURSÃO DA ESCOLA

- Você já participou de uma excursão da escola?

- Se sim, para onde foi o passeio? Observe a cena ilustrada. As crianças estão se preparando para participar de uma excursão programada pela escola.

- Aonde será que elas vão? Pinte a cena.

  Depois, conte as crianças que já entraram no ônibus e as crianças que ainda faltam entrar nele e descubra o total de crianças que farão o passeio.

1. ANA PAULA ✓
2. BRUNO ✓
3. CAROLINA ✓
4. DANIEL ✓
5. DÉBORA ✓
6. EDUARDO ✓
7. ESTÉR ✓
8. FABIANA ✓
9. FÁBIO ✓
10. FÁTIMA ✓
11. FERNANDO ✓
12. GABRIEL ✓
13. HEITOR ✓
14. HELENA ✓
15. INÊS ✓
16. JOSÉ ✓
17. LAURA ✓
18. LEANDRO ✓
19. MARCELO ✓
20. MARINA ✓
21. NALDO
22. ODAIR

▶ A DECISÃO

23 VOTOS
PONTOS TURÍSTICOS.

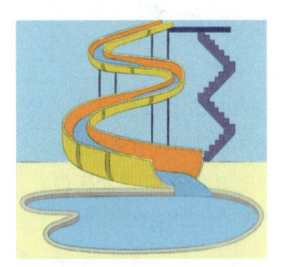

7 VOTOS
PARQUE AQUÁTICO.

2 VOTOS
PASSEIO ECOLÓGICO.

15 VOTOS
FAZENDINHA.

▼ Como você imagina que as crianças fizeram para decidir o destino da excursão da escola?

Para que a excursão acontecesse, foi necessário fazer uma votação para escolher o lugar a ser visitado. Observe o gráfico, pinte os quadrinhos de acordo com o número de votos e descubra para onde as crianças foram.

▼ Qual destino foi o **mais** votado? E qual foi o **menos** votado?

▶ QUANTAS CRIANÇAS?

- TOTAL DE CRIANÇAS QUE FORAM AO PASSEIO: _____
- TOTAL DE CRIANÇAS DA **TURMA E** QUE PARTICIPARAM

   DO PASSEIO: _____

As turmas **A**, **B**, **C**, **D** e **E** dessa escola participaram da excursão. Para organizar as crianças, antes de entrar no ônibus, todas elas receberam um crachá com número. Observe as crianças da **turma E** aguardando para subir no ônibus e termine de numerar os crachás.

Depois, conte e registre os números pedidos.

O TRANSPORTE

1. NO ÔNIBUS **AMARELO**, SERÃO TRANSPORTADAS **32** CRIANÇAS. MAIS **2** CRIANÇAS CONFIRMARAM PRESENÇA NA EXCURSÃO.

- QUANTAS CRIANÇAS UTILIZARÃO O ÔNIBUS **AMARELO**?

2. NO ÔNIBUS **MARROM** JÁ EMBARCARAM **27** CRIANÇAS. AINDA HÁ **6** CRIANÇAS NA FILA PARA ENTRAR NO ÔNIBUS.

- QUANTAS CRIANÇAS UTILIZARÃO O ÔNIBUS **MARROM**?

▼ Você já andou em um ônibus de viagem?
▼ Se sim, como foi o passeio?

Ouça as situações-problema que o professor lerá e pinte as crianças que faltam para completar a quantidade total de crianças que utilizarão cada ônibus.

Depois, represente cada situação com uma **adição**. Não se esqueça de usar os sinais de **+** e **=**.

▶ O PASSEIO

PRIMEIRA VIAGEM SOZINHA

MOCHILAS, VALISES, MALAS
E RISOS NA MANHÃ FRIA,
MEU CORAÇÃO BATENDO NO PEITO,
COMO HÁ TEMPOS NÃO BATIA.

A MONTANHA AO LONGE BRILHA:
GEOU DE MADRUGADA
E A GRAMA ESBRANQUIÇADA
ATÉ PARECE FARINHA.

E VOU EU, COM MINHA ESCOLA,
SOLTA, NA ESTRADA VAZIA,
MEU CORAÇÃO, MARAVILHADO,
COMO HÁ TEMPOS NÃO SENTIA.

SÉRGIO CAPPARELLI. **111 POEMAS PARA CRIANÇAS**. 12. ED. PORTO ALEGRE: L&PM, 2009. P. 79.

ILUSTRAÇÕES: HÉLIO SENATORE

1º 2º 3º 4º 5º 6º

> NO RELÓGIO, O **PONTEIRO PEQUENO** MARCA AS **HORAS**, E O **PONTEIRO GRANDE** MARCA OS **MINUTOS**.

Ouça o poema que o professor lerá.
▼ Sobre o que fala esse texto?

Para o passeio da escola foi combinado um horário de saída. Observe os relógios, leia as horas que eles marcam e pinte o **4º** relógio. Ele mostra a hora de saída do passeio.

▼ Para que horas está marcado o passeio?

AS LANCHEIRAS

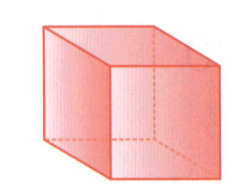

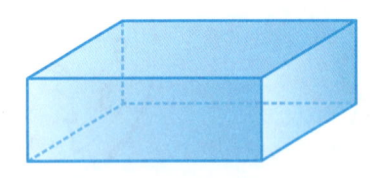

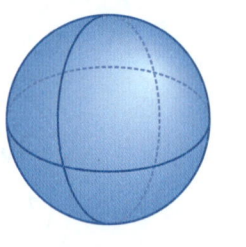

As crianças levaram lancheiras com lanches e sucos para o passeio. Observe a forma dessas lancheiras e ligue-as ao sólido geométrico que se assemelha a elas.

▼ Que sólidos geométricos estão representados?
Por fim, circule as lancheiras em forma de **cilindro**.

194

▶ O ROTEIRO

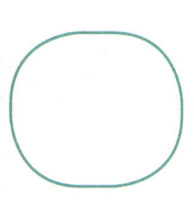

MUSEU — 30 REAIS | INGRESSO 30 REAIS

MUSEU.

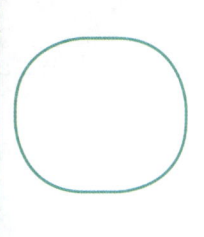

JARDIM BOTÂNICO — ENTRADA GRATUITA | ENTRADA GRATUITA

JARDIM BOTÂNICO.

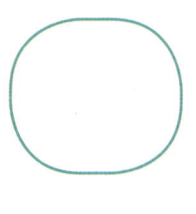

GIBITECA — 40 REAIS | INGRESSO 40 REAIS

GIBITECA.

- VALOR TOTAL GASTO NOS PONTOS TURÍSTICOS: _____

O roteiro de visita da excursão inclui os seguintes pontos turísticos da cidade: Museu, Jardim Botânico e Gibiteca, nessa ordem.

Para visitar alguns desses pontos turísticos, as crianças tiveram de comprar ingresso. Observe os ingressos e escreva o valor de cada um deles.

▼ Quanto elas gastaram para entrar nos **3** locais?

Use o dinheiro destacado do encarte e registre o valor na linha.

▶ ORGANIZANDO A FILA

▼ Você já precisou ficar em fila? Em que ocasião?

Para apreciação de uma maquete do museu, as crianças foram organizadas em fila única.

Numere as crianças da fila com números de ordem. Depois, circule a **primeira** criança da fila e marque um **X** na **terceira** criança da fila.

▼ Quantas crianças estão na fila?

TELEFONES E UTENSÍLIOS ANTIGOS

1. NA SALA DE TELEFONES ANTIGOS DO MUSEU, HAVIA **15** TELEFONES E FOI RETIRADA **MEIA DÚZIA** PARA LIMPEZA.

- QUANTOS TELEFONES AINDA FICARAM EXPOSTOS?

_____ – _____ = _____

2. NA SALA DOS UTENSÍLIOS DOMÉSTICOS, HAVIA **24** OBJETOS E RETIRARAM **5**.

- QUANTOS OBJETOS AINDA ESTÃO EXPOSTOS NA SALA?

_____ – _____ = _____

No museu, as crianças puderam ver duas salas com muitos objetos antigos. Uma expunha telefones e a outra, utensílios domésticos.

Leia as situações-problema com o professor, risque as quantidades de objetos retiradas de cada sala e escreva os números em cada **subtração**.

▼ Qual sala ficou com **mais** objetos? Quantos objetos a **mais**?

NO JARDIM BOTÂNICO

▼ Você conhece um Jardim Botânico? O que podemos encontrar lá?

Passeando pelo Jardim Botânico, segunda parada da excursão, as crianças observaram vários tipos de árvores.

Pinte de **vermelho** as árvores **mais baixas** e de **verde** as árvores **mais altas**. Depois, pinte com sua cor preferida as árvores de **tamanho médio**.

▼ De que cor você pintou as árvores médias?

AS FLORES, QUE LINDAS!

	71				73
			75		
	77				

- Você já viu uma orquídea?
- E uma estufa de flores?

Na estufa do Jardim Botânico ficam as orquídeas. Elas foram organizadas em sequência para propor um visual bonito aos visitantes.

Pinte as orquídeas seguindo a sequência de cores. Depois, complete os quadrinhos com os números que faltam.

▶ **VISITA FINAL**

COMBINAÇÃO 1

COMBINAÇÃO 2

Para visitar o último ponto turístico da excursão, a gibiteca, as crianças tiveram de pagar **40** reais cada uma.
▼ Que combinações de dinheiro elas podem ter feito para pagar o ingresso da gibiteca?

Usando o dinheiro destacado do encarte como auxílio, desenhe **2** possibilidades de combinação para totalizar **40** reais para pagar o ingresso.

GIBIS ORGANIZADOS

60 = _____ DEZENAS   70 = _____ DEZENAS

Essa gibiteca é organizada com prateleiras e os gibis são numerados. No entanto, com o tempo e a grande circulação de pessoas pelo espaço, alguns números caíram.

Descubra os números que faltam e registre-os nas etiquetas.

▼ Quantas **dezenas** tem o número **60**? E o número **70**? Escreva cada dezena no espaço indicado.

TAREFA PARA CASA 4

AS SALAS DA GIBITECA

1. NA SALA DE DESENHOS, HAVIA **16** CRIANÇAS DESENHANDO. SAÍRAM **6** CRIANÇAS.
- QUANTAS CRIANÇAS FICARAM NA SALA DE DESENHO?

_____ – _____ = _____

2. NA SALA DE LEITURA, HAVIA **15** CRIANÇAS. CHEGARAM MAIS **7** CRIANÇAS PARA LER GIBIS.
- QUANTAS CRIANÇAS FICARAM NA SALA DE LEITURA?

_____ + _____ = _____

Na gibiteca existem várias salas para serem utilizadas pelo público que a visita. Cada sala é direcionada a um tipo de atividade.
▼ O que as crianças estão fazendo em cada sala?
Leia as situações-problema com o professor e resolva-as subtraindo e adicionando as quantidades. Depois, registre os números nos espaços corretos.

SER CIDADÃO

1. _____

2. _____

3. _____

▼ Você sabia que muitas pessoas fazem doações para ajudar a quem precisa ou para contribuir com projetos sociais?

Veja na imagem um projeto criado para doação e leitura de livros. A ideia é proporcionar que muitas pessoas leiam e compartilhem o maior número de livros possível.

▼ Se você fosse doar livros, quais livros doaria?

Escreva o nome de **3** livros que você já conhece e que doaria para incentivar a leitura de outras pessoas. Depois, apresente-os aos colegas.

UNIDADE 5
UM LUGAR DE DIVERSÃO

ALTURA MÁXIMA 1 METRO

PROIBIDO ANDAR DESCALÇO

BILHETERIA

CRIANÇA
15 REAIS
ADULTO
30 REAIS

EMBARQUE NESTA AVENTURA E DESCUBRA MUITA DIVERSÃO!

- O que você identifica na imagem?
  Destaque as figuras da página 403 do encarte e cole-as nos lugares correspondentes da cena para completá-la.
- Já visitou um lugar parecido com esse?
- O que geralmente encontramos em um parque de diversões?
  Identifique os números na cena e circule-os.
- Em quais situações os números aparecem na cena?
- Onde mais você identifica a Matemática em um parque de diversões?
  Em uma folha à parte, faça uma lista de situações do cotidiano em que você encontra os números.

PROIBIDO ALIMENTOS

2 PESSOAS POR CARRINHO

IDADE MÍNIMA 8 ANOS

QUE LUGAR É ESSE?

EXISTEM DIVERSOS TIPOS DE PARQUE, E A MAIORIA DELES FOI CRIADA PARA DIVERSÃO DE SEUS VISITANTES.

> O MINI MUNDO É UM PARQUE AO AR LIVRE FORMADO POR RÉPLICAS FIÉIS DE PRÉDIOS DE VÁRIAS PARTES DO MUNDO [...].
>
> JUNTAS, ELAS CONSTITUEM UMA CIDADE EM MINIATURA, ANIMADA POR MILHARES DE MINI-HABITANTES, ONDE TUDO É 24 VEZES MENOR QUE A REALIDADE.
>
> QUEM SOMOS. IN: **MINI MUNDO**. GRAMADO, C2020. DISPONÍVEL EM: HTTPS://MINIMUNDO.COM.BR/PARQUE/. ACESSO EM: 27 MAR. 2023.

VISTA DE PARTE DO PARQUE MINI MUNDO, LOCALIZADO EM GRAMADO, RIO GRANDE DO SUL.

SE LIGUE NA REDE

Para saber mais informações sobre esse parque, consulte o endereço abaixo (acesso em: 27 mar. 2023).

▼ https://www.minimundo.com.br/

Ouça a leitura que o professor fará.
▼ Qual é o nome desse parque? Onde está localizado?
▼ Você gostaria de conhecê-lo?

Observe a imagem e liste todos os elementos que você conseguir identificar, elencando-os com números ordinais. Depois, compare sua lista com a de um colega.

▶ VAMOS REDUZIR?

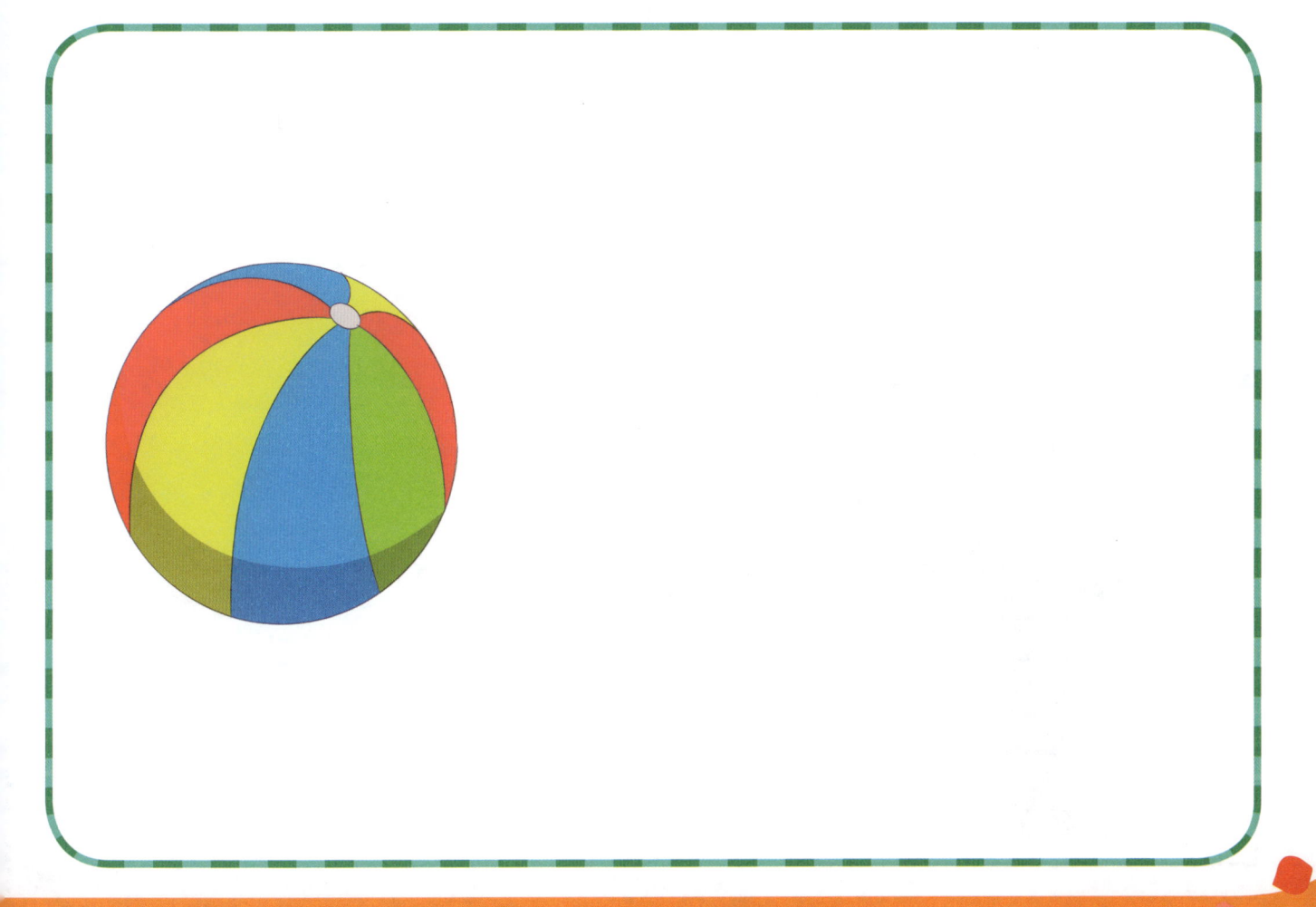

ILUSTRAÇÕES: LUIZ LENTINI

▼ Você sabe como se faz para reduzir o tamanho das coisas?

Observe as casas e veja os diferentes tamanhos em que ela foi desenhada. Depois, experimente fazer o mesmo com a figura da bola. Desenhe-a em diferentes tamanhos **menores** que o inicial.

▼ Quantas vezes você desenhou a bola?

▼ O que você considera pequeno?

▶ **VAMOS AUMENTAR?**

LUIZ LENTINI

▼ Você sabe como se faz para aumentar o tamanho das coisas?
▼ O que usamos para medir?

Experimente aumentar o tamanho dessa árvore. Desenhe-a de diferentes tamanhos **maiores** que o apresentado.

▼ O que você considera grande?

EXPLORAR E DESCOBRIR

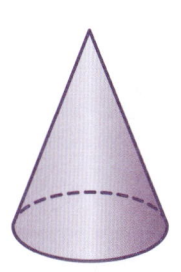

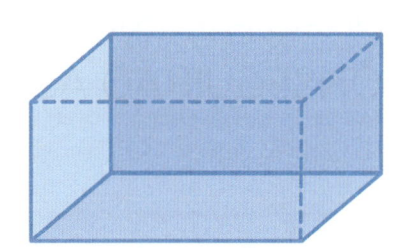

CARLOS VARELLA/FLICKR

ILUSTRAÇÕES: DAE

CILINDRO   CONE   PARALELEPÍPEDO   PRISMA

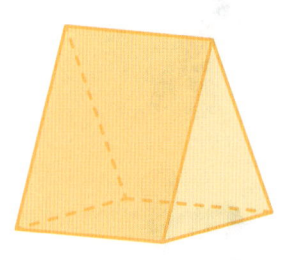

▼ Você já percebeu que ao seu redor existem muitos objetos que lembram formas geométricas?

▼ Quais sólidos geométricos você identifica na imagem?

Observe os sólidos geométricos destacados na imagem e ligue-os às figuras correspondentes. Depois, escolha um deles e desenhe em uma folha à parte algum objeto de sua casa que se assemelha a ele.

VAMOS PASSEAR!

- QUANTAS CRIANÇAS HÁ NO TOTAL? _____

- QUANTOS ASSENTOS HÁ NO TOTAL? _____

- TODAS AS CRIANÇAS CONSEGUIRÃO ASSENTOS?

  ☐ SIM. ☐ NÃO.

- QUANTAS CRIANÇAS RESTARÃO SEM ASSENTO? _____

▼ Você já passeou em um trenzinho?

No parque Mini Mundo, as crianças farão um passeio de trenzinho. Observe a imagem e ligue cada criança a um assento do trem. Depois, responda às perguntas.

▼ Sobrará algum assento vazio no trem?

▼ Sobrará alguma criança sem assento?

TEM HORA CERTA!

O PONTEIRO **MENOR** MARCA AS HORAS E ESTÁ APONTANDO PARA O **7**.
O PONTEIRO **MAIOR** MARCA OS MINUTOS E ESTÁ APONTANDO PARA O **12**.
SÃO **7** HORAS EM PONTO.

O PARQUE MINI MUNDO FUNCIONA TODOS OS DIAS E TEM HORÁRIO CERTO PARA ABRIR E PARA FECHAR.

HORÁRIO DE FUNCIONAMENTO DAS 9 HORAS ÀS 17 HORAS

ILUSTRAÇÕES: LUIZ LENTINI

▼ O que você faz quando quer saber a hora?
▼ Você sabe ler as horas em um relógio?
Ouça a leitura que o professor fará.
Depois, desenhe os ponteiros no segundo relógio para marcar a hora de abertura do parque.
▼ Você sabe quantas horas tem um dia inteiro?

TIQUE-TAQUE DO RELÓGIO

ACORDAR

ALMOÇAR

JANTAR

DORMIR

ILUSTRAÇÕES: LUIZ LENTINI

▼ A que horas você costuma acordar?
▼ A que horas você costuma almoçar? E jantar?
▼ E a que horas você costuma dormir?

Observe os relógios e desenhe os ponteiros para indicar o horário em que você costuma fazer cada uma dessas atividades, de acordo com sua rotina.

▶ UM PARQUE, MUITAS AVENTURAS!

O PARQUE BETO CARRERO WORLD REÚNE EM UM SÓ LUGAR BRINQUEDOS, ATRAÇÕES ARTÍSTICAS, ZOOLÓGICO, CIRCO E MUITA DIVERSÃO.

1º _____

SE LIGUE NA REDE

Para saber mais informações sobre esse parque, consulte o endereço a seguir (acesso em: 27 mar. 2023).

▼ www.betocarrero.com.br

▼ Você conhece o Parque Beto Carrero World? O que sabe sobre ele?

Nesse parque, uma das atrações que as crianças e os adultos adoram é a autopista – brinquedo com carrinhos de bate-bate.

Observe os carrinhos na cena e numere-os na ordem que cada um ocupa na pista. Use canetinha hidrocor.

▼ Você já brincou nesse brinquedo?

TEM CARRINHOS NA PISTA

- QUANTAS CRIANÇAS HÁ EM CADA GRUPO FORMADO? _____

- QUANTOS GRUPOS VOCÊ FORMOU? _____

▼ Como será que podemos distribuir as crianças nos carrinhos disponíveis?

Observe as crianças e os carrinhos e agrupe as crianças de forma a distribuí-las igualmente entre os carrinhos disponíveis. Depois, ligue cada grupo de crianças a um carrinho e responda às perguntas.

TAREFA PARA CASA 5

TEM ANIMAIS NO PARQUE

VOCÊ SABIA QUE ATUALMENTE O ZOOLÓGICO DO PARQUE BETO CARRERO WORLD ABRIGA CERCA DE MIL ANIMAIS?

LUIZ LENTINI

Pinte os espaços numerados para descobrir um animal que vive nesse parque. Depois, contorne o corpo dele com canetinha hidrocor **preta** e escreva os números no quadro em **ordem crescente**.
▼ Que animal você descobriu?
▼ O que você sabe sobre ele?

▶ TEM FAMÍLIA DE BICHOS NO PARQUE

UMA GIRAFA PODE TER ATÉ _____ METROS DE ALTURA.

Na casa das girafas moram o casal e **2** filhotes. Observe a cena e desenhe os filhotes **entre** o pai e a mãe.

▼ Quantos animais moram nessa casa ao todo?
▼ Você sabe quantos metros de altura pode ter uma girafa? Pesquise com o professor e a turma e responda.

VAMOS PASSEAR?

NO PARQUE BETO CARRERO WORLD, ADULTOS E CRIANÇAS PODEM CAVALGAR. ESSA É UMA DAS ATRAÇÕES QUE AS PESSOAS ADORAM.

Ligue os pontos seguindo a ordem dos números de **40** a **90** para descobrir um animal sobre o qual as pessoas podem passear no parque. Depois, pinte-o.

▼ O que você sabe sobre esse animal?
▼ Já andou em um animal como esse?

VAMOS ORGANIZAR!

NO PARQUE, MUITAS PESSOAS COSTUMAM PASSEAR A CAVALO. A EQUIPE DE FUNCIONÁRIOS REGISTROU AS INFORMAÇÕES SOBRE A QUANTIDADE DE PESSOAS QUE VISITAM ESSA ATRAÇÃO E ORGANIZOU OS DADOS EM UMA TABELA.

DIA DA SEMANA	SEGUNDA-FEIRA	TERÇA-FEIRA	QUARTA-FEIRA	QUINTA-FEIRA	SEXTA-FEIRA	SÁBADO	DOMINGO
NÚMERO DE PESSOAS	19	10	50	30	45	80	70

- CIRCULE O DIA DA SEMANA EM QUE MAIS PESSOAS ANDARAM A CAVALO.
- ESCREVA O NÚMERO QUE VEM **ANTES** E O QUE VEM **DEPOIS** DO **MAIOR** NÚMERO REGISTRADO NA TABELA.

ANTES: _____. DEPOIS: _____.

- MARQUE UM **X** NO DIA DA SEMANA QUE APRESENTA **3 DEZENAS** DE VISITANTES.
- COPIE O NOME DO DIA DA SEMANA QUE TEVE MENOS PESSOAS NESSA ATRAÇÃO. _____.

▼ O que você pode aprender com gráficos e tabelas?
▼ Para que eles servem?
  Observe a tabela que mostra a quantidade de pessoas que fizeram o passeio a cavalo no parque durante uma semana e faça o que se pede.

QUEM SÃO ELES?

ELEFANTE

ZEBRA

- QUAL DESSES ANIMAIS VOCÊ ACHA QUE É O **MAIS PESADO**?

  ☐ ELEFANTE.   ☐ ZEBRA.

- QUAL DELES VOCÊ ACHA QUE O É **MAIS ALTO**?

  ☐ ELEFANTE.   ☐ ZEBRA.

SUA TROMBA É SUA MÃO TAMBÉM. UM ELEFANTE PESA EM TORNO DE 4 000 A 6 000 QUILOS E MEDE ATÉ 400 CENTÍMETROS.

VIVE DE PIJAMA LISTRADO DE PRETO E BRANCO. UMA ZEBRA PESA ENTRE 200 E 320 QUILOS E MEDE EM TORNO DE 150 CENTÍMETROS.

Esses dois animais também fazem parte das atrações do Parque Beto Carrero World. Observe-os, compare-os e responda às perguntas.

Depois, ouça a leitura do professor e, com a ajuda dele, descubra se você acertou.

▼ O que mais você sabe sobre esses animais?

VAMOS PESCAR?

GIRA-GIRA DOS PEIXES

RESTRIÇÕES
ALTURA MÍNIMA: 90 CM
ALTURA MÁXIMA: 150 CM
CAPACIDADE: 2 VISITANTES POR PEIXE

- QUAL É A SUA ALTURA? _____
- SE VOCÊ FOSSE AO PARQUE, PODERIA BRINCAR NESSE BRINQUEDO? ☐ SIM. ☐ NÃO.

▼ Como se chama a atração do parque representada na imagem? Em muitos parques há restrições para o uso de certos brinquedos.

Com a ajuda do professor, circule com canetinhas hidrocor de cores diferentes a altura mínima e a altura máxima para poder brincar no brinquedo.

Depois, meça a sua altura e responda às perguntas.

▶ **ATENÇÃO!**

PARA BRINCAR NO GIRA-GIRA DOS PEIXES É PRECISO ATENÇÃO A ALGUMAS ORIENTAÇÕES IMPORTANTES. VEJA:

- PERMANEÇA SENTADO DURANTE O TEMPO EM QUE ESTIVER NO BRINQUEDO.

NÃO É PERMITIDO

ALIMENTOS E BEBIDAS.

ESTAR DESCALÇO.

HÉLIO SENATORE

Leia as informações com o professor e a turma.

▼ O que significa cada símbolo ilustrado? Você já viu símbolos como esses?

Crie um símbolo para informar às outras crianças que elas não podem ficar em pé dentro dos peixes do brinquedo enquanto ele estiver em movimento. Desenhe-o na página.

DIVERSÃO É AQUI!

NO PARQUE DA CIDADE, O CARROSSEL TEM CAPACIDADE PARA **28** CRIANÇAS. NO MOMENTO, HÁ **20** CRIANÇAS BRINCANDO NELE.

- QUANTAS CRIANÇAS AINDA PODEM ENTRAR? _____

DESCERAM **10** CRIANÇAS DO CARROSSEL.
- QUANTAS CRIANÇAS AINDA ESTÃO BRINCANDO NELE?

_____

- E AGORA, QUANTAS CRIANÇAS AINDA PODEM ENTRAR NESSE BRINQUEDO? _____

Observe o brinquedo ilustrado. Ele é comum em muitos parques.
▼ Você sabe o nome desse brinquedo? Qual é?
▼ Já brincou nele?
Leia a situação-problema com o professor e resolva-a.

AS ATRAÇÕES NO PARQUE CONTINUAM

A **RODA-GIGANTE DA TURMA** É SUPERDIVERTIDA. NELA, HÁ **8** GÔNDOLAS, COM CAPACIDADE PARA ATÉ **3** PESSOAS POR GÔNDOLA.

- QUANTAS PESSOAS AO TODO PODEM PASSEAR NESSA RODA-GIGANTE AO MESMO TEMPO? _____
- SE A CAPACIDADE DE CADA GÔNDOLA FOSSE DE ATÉ **2** PESSOAS, QUANTAS PESSOAS PODERIAM PASSEAR AO MESMO TEMPO? _____

▼ Que brinquedo está representado?
▼ Você já passeou em uma roda-gigante?
▼ Se passeou, sentiu medo de altura?

Leia a situação-problema com o professor e responda às perguntas. Se preferir, use material concreto como auxílio.

UNIDADE 6
CURIOSIDADES DE MATEMÁTICA

5 - 1 = 4

- Você é curioso?
- O que você sabe sobre o Universo?
- E sobre os corais? E os animais?
- E sobre as flores e as frutas? Pinte a cena e descubra qual é o tema desta unidade.
- Que outras curiosidades de Matemática você conhece? Converse com os colegas e o professor sobre os assuntos apresentados nestas páginas.

ALEXANDRE MATOS

CURIOSIDADES SOBRE O UNIVERSO

O UNIVERSO COMPREENDE TUDO O QUE EXISTE. DENTRO DO UNIVERSO ESTÁ O SISTEMA SOLAR, E DENTRO DO SISTEMA SOLAR ESTÁ O PLANETA TERRA, QUE É O MUNDO ONDE VIVEMOS.

AO OBSERVAR O CÉU DAQUI DA TERRA, MUITAS VEZES PODEMOS VER OUTROS ELEMENTOS QUE FAZEM PARTE DO SISTEMA SOLAR.

CÉU DIURNO

CÉU NOTURNO

▼ Você costuma observar o céu de dia? E de noite?
▼ Que elementos você identifica quando observa o céu?
    Desenhe tudo o que você enxerga no céu em cada período do dia, nos respectivos quadros.
▼ Você sabe quantas horas tem o dia e quantas horas tem a noite?

▶ OS SATÉLITES

OS SATÉLITES SÃO PEQUENOS CORPOS CELESTES QUE ORBITAM EM TORNO DE PLANETAS. HÁ SATÉLITES NATURAIS E SATÉLITES ARTIFICIAIS. O PLANETA TERRA TEM APENAS UM SATÉLITE NATURAL: A LUA.

ILUSTRAÇÕES: LUIZ LENTINI

MERCÚRIO

VÊNUS

TERRA

MARTE

JÚPITER

SATURNO

URANO

NETUNO

53 SATÉLITES

50 SATÉLITES

27 SATÉLITES

13 SATÉLITES

2 SATÉLITES

1 SATÉLITE

0 SATÉLITE

0 SATÉLITE

▼ Você sabe quais planetas têm satélite natural?
  Ligue cada planeta à quantidade de satélites naturais que ele tem, seguindo as cores indicadas. Depois, circule o que tem **mais** satélites e faça um **X** nos que não têm nenhum satélite.
▼ Em quais planetas não há satélites?
▼ Que símbolo representa a ausência de quantidades?

A ORDEM DOS PLANETAS

MERCÚRIO   VÊNUS   TERRA   MARTE   JÚPITER   SATURNO   URANO   NETUNO

EM RELAÇÃO AO SOL:

TERRA

_____   3ª   _____

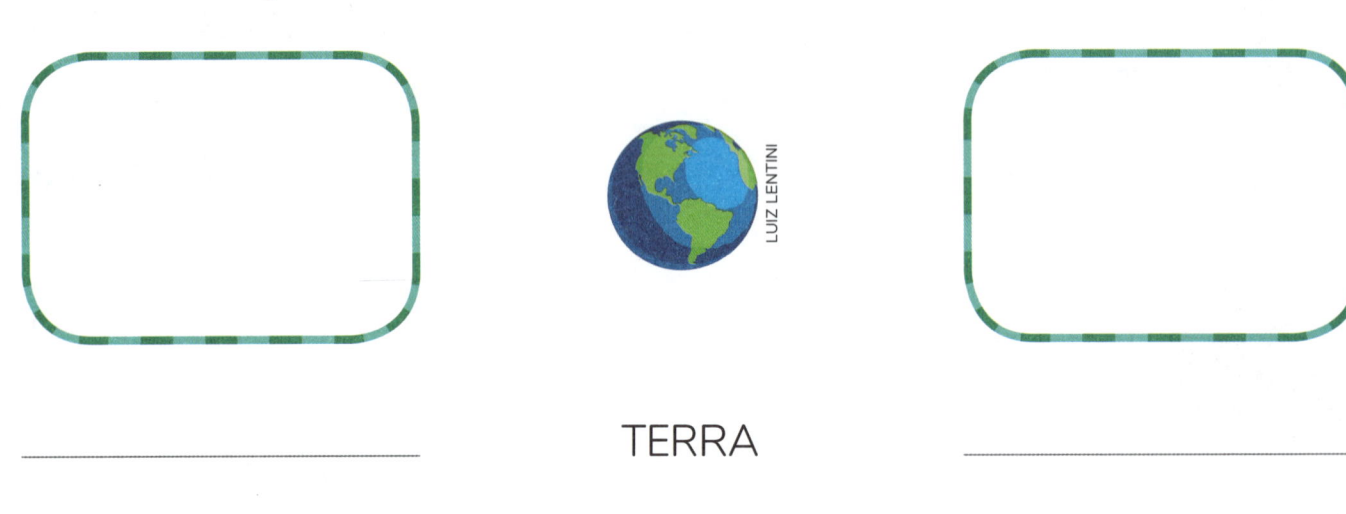

- QUAL PLANETA OCUPA A **6ª** POSIÇÃO? _____

- QUE POSIÇÃO URANO OCUPA? _____

- QUAL PLANETA OCUPA A ÚLTIMA POSIÇÃO? _____

Observe a representação do Sistema Solar e veja que cada planeta tem uma posição em relação ao Sol.
▼ Em que posição a Terra se encontra?
▼ Que planeta é **antecessor** à Terra? E qual é o **sucessor**?
Registre nos espaços desenhando e escrevendo. Depois, responda às perguntas.

CURIOSIDADES SOBRE OS RECIFES DE CORAIS

OS RECIFES DE CORAIS SÃO UM HÁBITAT MARINHO MUITO IMPORTANTE PARA DIVERSOS ANIMAIS E ALGAS.

▼ Você já ouviu falar de recifes de corais?
Leia o texto com o professor e observe o recife de coral ilustrado. Nele habitam **90** peixes, divididos em cardumes de **10** peixes cada. Conte os cardumes e desenhe os peixes que faltam para completar **90** peixes.

▼ Quantas dezenas representam **90** unidades?

BELEZAS DO FUNDO DO MAR

1. EM UM RECIFE DE CORAL HAVIA **15** PEIXES, MAS **3** PEIXES SAÍRAM NADANDO PARA LONGE.
   - QUANTOS PEIXES FICARAM NO RECIFE?

2. VIVIAM TAMBÉM **19** CAMARÕES NESSE RECIFE DE CORAL, MAS **6** DELES FORAM COMIDOS POR PREDADORES.
   - QUANTOS CAMARÕES SOBRARAM NO RECIFE?

▼ Você sabe quais animais podemos encontrar em um recife de coral?

Observe a fotografia de um recife de coral.

Depois, resolva as situações-problema desenhando nos quadros e riscando os elementos desenhados de acordo com as quantidades indicadas.

TAREFA PARA CASA 6

QUANTOS PEIXES?

▼ Você já viu peixes no fundo do mar?
▼ Sabe como eles se protegem?

Os peixes se escondem nos recifes de corais para se proteger de predadores. Observe os **2** recifes e distribua os peixes de forma que cada recife fique com a mesma quantidade de peixes.

▼ Quantos peixes se esconderam em cada recife?

SER CIDADÃO

Conheça as riquezas dos recifes, mas antes busque informações com os profissionais da área.

Ao movimentar as jangadas, evite o contato do remo com os recifes.

Fundeie o barco na areia. Assim você preserva os corais e evita um crime ambiental.

Não pise nem toque nos corais, eles são animais muito frágeis e morrem facilmente. Além disso, você pode se machucar.

conduta consciente em ambientes recifais

MINISTÉRIO DO MEIO AMBIENTE

SE LIGUE NA REDE

Para saber mais sobre os recifes de corais, consulte o endereço a seguir (acesso em: 27 mar. 2023).

▼ https://antigo.mma.gov.br/processo-eletronico/item/397-recifes-de-corais.html

▼ Você acha importante cuidar dos corais e preservá-los? Por quê?
▼ Como podemos ajudar na conservação dos recifes de corais?

Ouça a leitura do cartaz que o professor fará e descubra algumas maneiras de preservar os corais. Depois, converse com os colegas e, em pequenos grupos, elaborem um cartaz para mostrar suas ideias de preservação.

CURIOSIDADES SOBRE OS ANIMAIS

PANDAS RECÉM-NASCIDOS SÃO MAIS LEVES DO QUE UMA XÍCARA DE CHÁ.

RAFAEL G. A. PIRES. 21 CURIOSIDADES SOBRE ANIMAIS [...]. IN: **MEGA CURIOSO**. [S. L], 5 AGO. 2014. DISPONÍVEL EM: WWW.MEGACURIOSO.COM.BR/ANIMAIS/45175-21-CURIOSIDADES-SOBRE-ANIMAIS-QUE-VOCE-NAO-SABIA.HTM. ACESSO EM: 27 MAR. 2023.

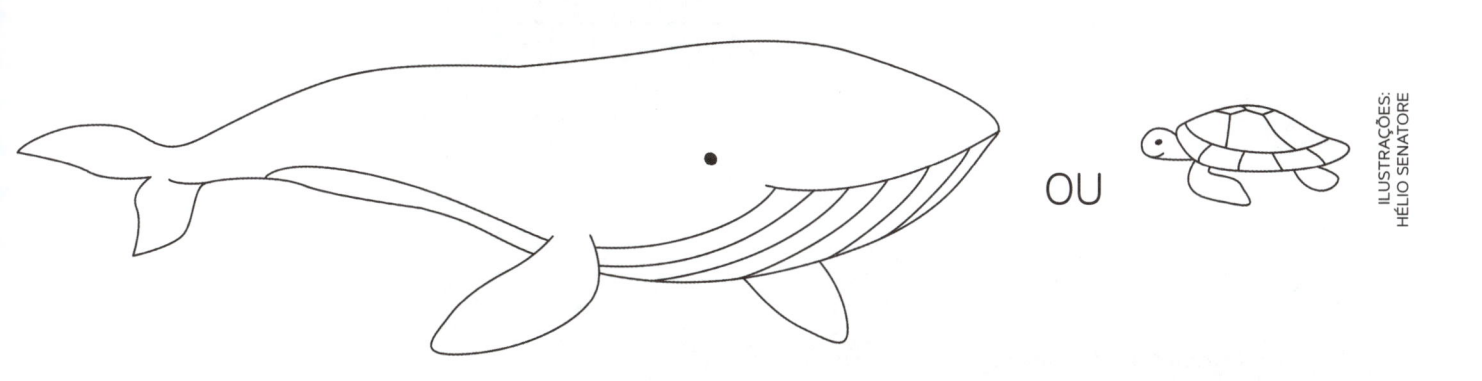

OU

OU

▼ Você sabe o peso de alguns animais?
  Leia o texto com o professor e veja que curioso é o peso de um panda recém-nascido.
▼ Você acha que ele é **leve** ou **pesado**?
▼ O que você usou como referência para dizer se ele é **leve** ou **pesado**?
  Observe as figuras e pinte o animal de cada dupla que é **mais pesado**.

OLHA O TAMANHO!

HÉLIO SENATORE

[...] TAMANDUÁS NÃO TÊM DENTES, MAS SUAS LÍNGUAS SÃO EXTREMAMENTE PEGAJOSAS E PODEM CRESCER ATÉ DOIS METROS DE COMPRIMENTO. [...]

23 COISAS INCRÍVEIS SOBRE ANIMAIS QUE VOCÊ NUNCA IMAGINOU. **REVISTA GALILEU**, SÃO PAULO, 16 AGO. 2017. DISPONÍVEL EM: HTTPS://REVISTAGALILEU.GLOBO.COM/CIENCIA/NOTICIA/2017/08/23-COISAS-INCRIVEIS-SOBRE-ANIMAIS-QUE-VOCE-NUNCA-IMAGINOU.HTML. ACESSO EM: 27 MAR. 2023.

PARA MEDIRMOS O **COMPRIMENTO** UTILIZAMOS A MEDIDA-PADRÃO CHAMADA **METRO**.

▼ Você já viu um tamanduá de perto?

Ouça uma curiosidade sobre ele que o professor lerá. Depois, pinte de **marrom** o tamanduá que tem a língua **mais comprida** e de **cinza** o tamanduá que tem a língua **mais curta**.

▼ Que outras coisas podemos medir com o **metro**?

▶ MUDANDO DE COR

[...] ALÉM DE MUDAREM DE COR, OS **CAMALEÕES** PODEM MOVER OS OLHOS SEPARADAMENTE E OLHAR EM DUAS DIREÇÕES AO MESMO TEMPO. [...]

23 COISAS INCRÍVEIS SOBRE ANIMAIS QUE VOCÊ NUNCA IMAGINOU. **REVISTA GALILEU**, SÃO PAULO, 16 AGO. 2017. DISPONÍVEL EM: HTTPS://REVISTAGALILEU.GLOBO.COM/CIENCIA/NOTICIA/2017/08/23-COISAS-INCRIVEIS-SOBRE-ANIMAIS-QUE-VOCE-NUNCA-IMAGINOU.HTML. ACESSO EM: 27 MAR. 2023.

ILUSTRAÇÕES: HÉLIO SENATORE

Pinte os camaleões da primeira linha criando uma sequência de cores para mostrar como eles podem se camuflar. Depois, repita a sequência nas outras linhas.

Por fim, agrupe os camaleões em **trios**.

▼ Quantos **trios** você formou?
▼ Quantas vezes você agrupou os camaleões?

PATINHA COM PATINHA

> [...] AS LONTRAS-MARINHAS FICAM COM AS PATAS UNIDAS QUANDO DORMEM PARA NÃO SE SEPARAREM ENQUANTO BOIAM. [...]

20 CURIOSIDADES FOFAS SOBRE O MUNDO ANIMAL. IN: **INCRÍVEL.CLUB**. [S. L.], [20--]. DISPONÍVEL EM: HTTPS://INCRIVEL.CLUB/ADMIRACAO-ANIMAIS/20-CURIOSIDADES-FOFAS-SOBRE-O-MUNDO-ANIMAL-624110/?UTM_SOURCE=INCRIVEL_WEB&UTM_MEDIUM=ARTICLE&UTM_CAMPAIGN=SHARE_IMAGE&UTM_CONTENT=FACEBOOK&IMAGE=4610610. ACESSO EM: 27 MAR. 2023.

▼ Você já viu uma lontra-marinha de perto?
Observe a fotografia e leia o texto com o professor para descobrir o que elas estão fazendo. Depois, organize as lontras em **2** grupos, de forma que fique a mesma quantidade de animais em cada grupo. Por fim, forme **duplas** de lontras.

▼ Quantas lontras ficaram em cada grupo?

▼ Quantas vezes você formou duplas de lontras?

CURIOSIDADES SOBRE AS PLANTAS

CURIOSIDADES SOBRE A FLORA DO PANTANAL

[...] DURANTE OS MESES DE JULHO E AGOSTO, A PAISAGEM DO PANTANAL GANHA TONS DE ROSA, ROXO E LILÁS. ISSO OCORRE GRAÇAS À FLORAÇÃO DAS PIÚVAS, ESPÉCIES DE IPÊS. [...]

DESCUBRA FATOS CURIOSOS SOBRE A FLORA DO PANTANAL. IN: **ADVENTURE CLUB**. SÃO PAULO, ABR. 2013. DISPONÍVEL EM: WWW.ADVENTURECLUB.COM.BR/BLOG/CURIOSIDADES/DESCUBRA-FATOS-CURIOSOS-SOBRE-A-FLORA-DO-PANTANAL. ACESSO EM: 27 MAR. 2023.

ILUSTRAÇÕES: LUIZ LENTINI

PIÚVA ROSA   PIÚVA ROXA   PIÚVA LILÁS

▼ Você já viu uma piúva de perto?
  Leia o texto com o professor, observe as ilustrações das piúvas que florescem no Pantanal e circule na legenda aquelas que aparecem na mesma quantidade.

▼ Você sabe até que altura uma piúva pode chegar?
  Pesquise e compartilhe com os colegas o que você descobriu.

237

▶ **MUDANÇAS NO PANTANAL**

★ 2021 ★

JANEIRO																												
DOM	SEG	TER	QUA	QUI	SEX	SAB	DOM	SEG	TER	QUA	QUI	SEX	SAB	DOM	SEG	TER	QUA	QUI	SEX	SAB	DOM	SEG	TER	QUA	QUI	SEX	SAB
					1	2		1	2	3	4	5	6		1	2	3	4	5	6					1	2	3
3	4	5	6	7	8	9	7	8	9	10	11	12	13	7	8	9	10	11	12	13	4	5	6	7	8	9	10
10	11	12	13	14	15	16	14	15	16	17	18	19	20	14	15	16	17	18	19	20	11	12	13	14	15	16	17
17	18	19	20	21	22	23	21	22	23	24	25	26	27	21	22	23	24	25	26	27	18	19	20	21	22	23	24
24	25	26	27	28	29	30	28							28	29	30	31				25	26	27	28	29	30	
31																											

DOM	SEG	TER	QUA	QUI	SEX	SAB	DOM	SEG	TER	QUA	QUI	SEX	SAB	DOM	SEG	TER	QUA	QUI	SEX	SAB	DOM	SEG	TER	QUA	QUI	SEX	SAB
						1			1	2	3	4	5					1	2	3	1	2	3	4	5	6	7
2	3	4	5	6	7	8	6	7	8	9	10	11	12	4	5	6	7	8	9	10	8	9	10	11	12	13	14
9	10	11	12	13	14	15	13	14	15	16	17	18	19	11	12	13	14	15	16	17	15	16	17	18	19	20	21
16	17	18	19	20	21	22	20	21	22	23	24	25	26	18	19	20	21	22	23	24	22	23	24	25	26	27	28
23	24	25	26	27	28	29	27	28	29	30				25	26	27	28	29	30	31	29	30	31				
30	31																										

																					DEZEMBRO						
DOM	SEG	TER	QUA	QUI	SEX	SAB	DOM	SEG	TER	QUA	QUI	SEX	SAB	DOM	SEG	TER	QUA	QUI	SEX	SAB	DOM	SEG	TER	QUA	QUI	SEX	SAB
			1	2	3	4						1	2				1	2	3	4				1	2	3	4
5	6	7	8	9	10	11	3	4	5	6	7	8	9	7	8	9	10	11	12	13	5	6	7	8	9	10	11
12	13	14	15	16	17	18	10	11	12	13	14	15	16	14	15	16	17	18	19	20	12	13	14	15	16	17	18
19	20	21	22	23	24	25	17	18	19	20	21	22	23	21	22	23	24	25	26	27	19	20	21	22	23	24	25
26	27	28	29	30			24	25	26	27	28	29	30	28	29	30					26	27	28	29	30	31	
							31																				

Escreva o nome dos meses que faltam para completar o calendário.

▼ Em quais meses a paisagem do Pantanal ganha novos tons?

Leia novamente o texto da página 237 e pinte o nome dos meses citados nele. Depois, conte em quantos dias do ano o Pantanal fica com a paisagem dessa forma e registre o total no quadrinho.

▶ **VAI ABRAÇAR?**

[...] A ÁRVORE MAIS LARGA DO MUNDO É O CIPRESTE MEXICANO, QUE PODE CHEGAR A MAIS DE 35 METROS DE "CINTURA". [...]

DÉCIO. DESCUBRA 50 CURIOSIDADES INACREDITÁVEIS SOBRE AS PLANTAS. IN: **SABEDORIA & CIA**. [S. L.], 3 MAIO 2018. DISPONÍVEL EM: WWW.SABEDORIAECIA.COM.BR/PLANTAS/DESCUBRA-50-CURIOSIDADES-INACREDITAVEIS-SOBRE-AS-PLANTAS. ACESSO EM: 27 MAR. 2023.

▼ Você já conhecia a árvore de caule **mais largo** do mundo?
▼ Observando a imagem, quantas pessoas você acha que são necessárias para abraçar essa árvore?
Desenhe uma árvore com caule **estreito**.

QUANTO ABACAXI!

[...] O PÉ DE ABACAXI É DA FAMÍLIA DAS BROMÉLIAS E CADA GOMOZINHO É UMA FRUTA SEPARADA QUE SE JUNTOU ÀS DEMAIS. ALIÁS, O ABACAXI É NATURAL DO CONTINENTE AMERICANO E O TERMO ABACAXI VEM DO TUPI "IBACATI" E SIGNIFICA "FRUTO FEDORENTO". [...]

DÉCIO. DESCUBRA 50 CURIOSIDADES INACREDITÁVEIS SOBRE AS PLANTAS. IN: **SABEDORIA & CIA**. [S. L.], 30 MAIO 2018. DISPONÍVEL EM: WWW.SABEDORIAECIA.COM.BR/PLANTAS/DESCUBRA-50-CURIOSIDADES-INACREDITAVEIS-SOBRE-AS-PLANTAS. ACESSO EM: 23 ABR. 2020.

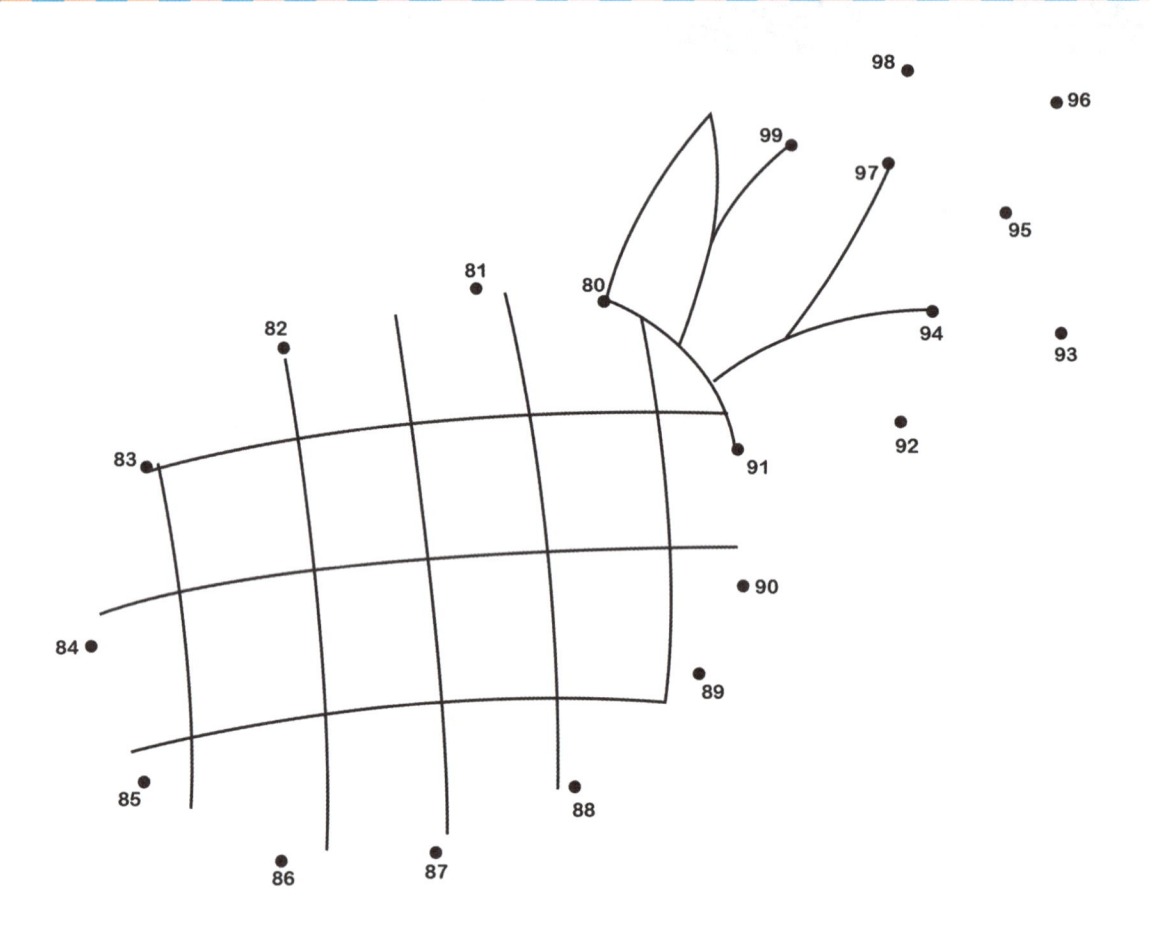

LUIZ LENTINI

▼ Você gosta de comer abacaxi?
Ouça a curiosidade sobre essa fruta que o professor lerá e, depois, ligue os pontos para desenhá-la. Por fim, pinte o abacaxi.

FLORES COMESTÍVEIS

> [...] ALGUMAS ESPÉCIES QUE CAEM BEM NO PRATO (E NO ESTÔMAGO): AMOR-PERFEITO, BEGÔNIA, ROSA, JASMINS, LAVANDA, PETÚNIAS, CRAVOS E DENTE-DE-LEÃO. [...]
>
> FLORAWEB. CURIOSIDADES SOBRE AS FLORES. IN: **FLORES & FLORES**. [S. L.], 10 NOV. 2011. DISPONÍVEL EM: WWW.FLORESEFLORES.COM.BR/INDEX.PHP/DICAS-E-CURIOSIDADES/CURIOSIDADES-SOBRE-AS-FLORES. ACESSO EM: 27 MAR. 2023.

1. EM UM CANTEIRO HAVIA **18** CRAVOS, MAS **4** MORRERAM.
   - QUANTOS CRAVOS FICARAM NO CANTEIRO?

   _____ − _____ = _____

2. SEU JOÃO PLANTOU UM CANTEIRO COM **9** ROSAS E **8** BEGÔNIAS.
   - QUANTAS FLORES AO TODO ELE PLANTOU?

   _____ + _____ = _____

Leia o texto com o professor.
▼ Você conhece as flores comestíveis citadas no texto? Resolva as situações-problema e registre os números.

UM CANTEIRO MULTICOLORIDO

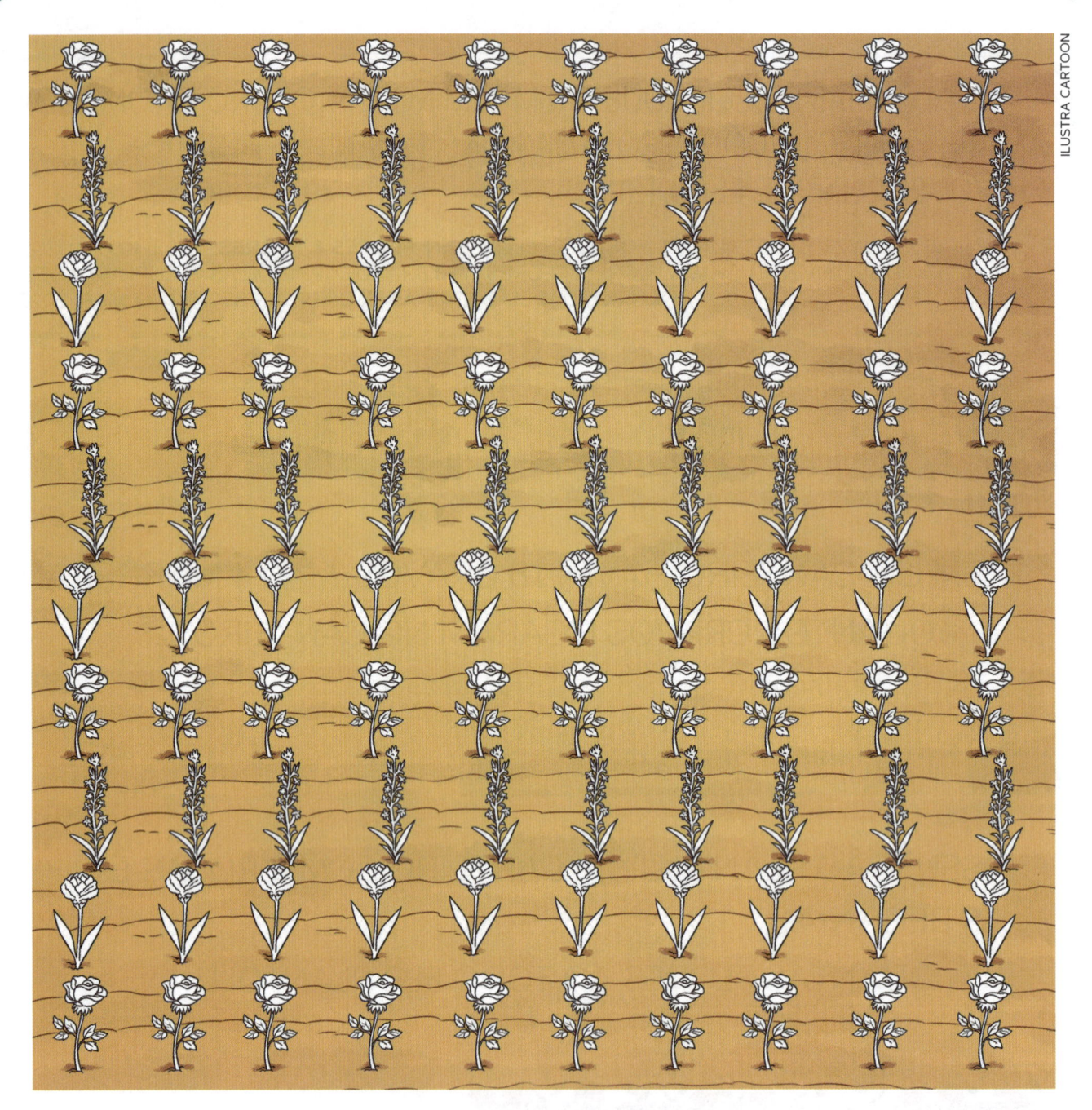

10 DEZENAS – 100 UNIDADES

▼ Você já viu uma plantação de flores?

As flores são plantadas em fileiras. Pinte as fileiras de flores para formar sequências de cores. Depois, agrupe as flores de **10** em **10**.

▼ Quantas sequências você pintou?

▼ Quantos grupos de **10** você formou?

UMA FLOR PARA CADA MÊS

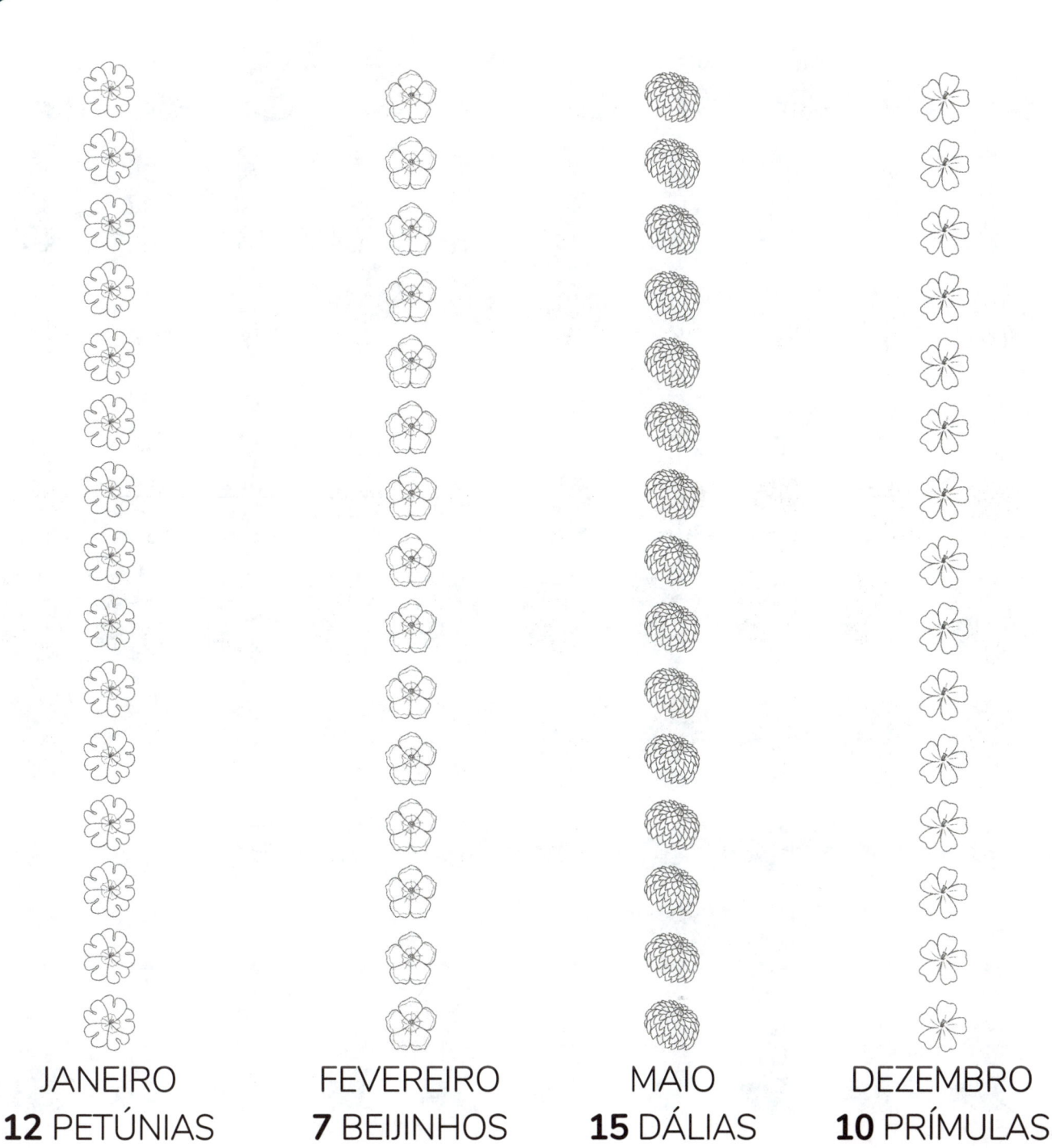

JANEIRO	FEVEREIRO	MAIO	DEZEMBRO
12 PETÚNIAS	**7** BEIJINHOS	**15** DÁLIAS	**10** PRÍMULAS

ILUSTRAÇÕES: ILUSTRA CARTOON

▼ Você sabia que algumas flores florescem apenas em determinados meses do ano?

Observe o gráfico e pinte a quantidade das flores que floresceram em cada mês.

Depois, de acordo com o gráfico, circule o mês em que **mais** flores floresceram e marque um **X** no mês em que **menos** flores floresceram.

▶ FLORES DO MÊS DE ABRIL

1	2	3	4	5	6	7	8	9	10
11	12	13	14	15	16	17	18	19	20
21	22	23	24	25	26		28	29	30
31	32		34	35	36	37	38		40
41	42	43	44		46	47	48	49	50
	52	53	54	55		57	58	59	60
61	62		64	65	66	67		69	70
71		73	74	75	76	77	78	79	
81	82	83		85	86	87	88		90
	92	93	94		96		98		100

▼ Você sabia que há espécies de flores que são próprias para serem plantadas no mês de abril?

Observe o canteiro com **10** tipos de flores plantadas e complete a sequência com os números que faltam. Depois, marque com **X** a flor de número **93**, circule a flor de número **96** e risque a flor de número **99**.

▼ Quantas flores há no canteiro?

TAREFA PARA CASA 1

▶ MESMA QUANTIDADE

ROSAS **VERMELHAS**

ROSAS **AMARELAS**

ROSAS **ALARANJADAS**

ILUSTRAÇÕES: LUIZ LENTINI

ROSAS VERMELHAS					
ROSAS AMARELAS					
ROSAS ALARANJADAS					

_____

- Em cada grupo de rosas, conte e pinte **12** unidades de acordo com as cores indicadas.
  ▼ Quantas unidades de rosas não foram pintadas em cada grupo?
  Pinte um quadrinho para cada unidade de rosa que não foi pintada.
  ▼ Quantas unidades de rosas não foram pintadas ao todo?
  Escreva o número na linha.

TAREFA PARA CASA 2

▶ MUITOS ALIMENTOS

▼ Que alimentos sua família costuma consumir em casa?

Recorte de panfletos de supermercado a figura de **2 dezenas** de alimentos e cole-as nesta página. Depois, desenhe mais **10** unidades de alimentos.

Por fim, numere todos os alimentos.

TAREFA PARA CASA 3

DELÍCIAS E GOSTOSURAS DA MINHA CASA

Pesquise, com uma pessoa que mora com você, uma receita que precise de ovos para ser feita e copie-a no espaço acima.

▼ Quantos ovos são pedidos nessa receita?
▼ Qual dos ingredientes é usado em **maior** quantidade?
▼ Do que é a receita que você escolheu?

Compartilhe sua receita com os colegas e o professor e diga a eles as quantidades de ingredientes que você descobriu.

TAREFA PARA CASA 4

▶ ORGANIZANDO OS GIBIS

HÉLIO SENATORE

- ▼ Você já viu a quantidade de gibis de uma gibiteca?
- ▼ Você sabe como eles são organizados?
  Observe os gibis ilustrados e pinte-os utilizando **3** cores diferentes para criar uma sequência de cores.
- ▼ Que cores você usou?

TAREFA PARA CASA 5

▶ TEM FILA NO PARQUE

▼ Em quais situações na escola você e os colegas formam filas?

Observe a fila de crianças para brincar nos carrinhos de bate-bate do parque. Cada carrinho só pode levar uma criança. Ligue cada criança a um carrinho e responda às perguntas a seguir oralmente.

▼ Há carrinhos para todas as crianças?

▼ Há a mesma quantidade de carrinhos e crianças?

TAREFA PARA CASA 6

▶ EM BUSCA DE ABRIGO

▼ Você descobriu quantas espécies habitam um recife de coral?
Ajude o peixe-palhaço a se abrigar no recife de coral pintando o caminho em que apareçam os números de **90** a **99**.

▼ Que números você encontrou?
Escreva a sequência de números no quadro, organizando-os do **menor** para o **maior**.

NOSSO MUNDO

NATUREZA E SOCIEDADE

UNIDADE 1
VIDA EM MOVIMENTO

- Você sabia que os seres vivos estão sempre em movimento?
- Já observou como eles mudam no decorrer da vida?
  Destaque as figuras da página 405 do encarte e cole-as para completar as cenas.
- O que as imagens representam?
- Que seres vivos aparecem nas cenas?
  Converse com os colegas e o professor.

MUDANÇAS NO CORPO

▼ Você sabe por que o corpo das pessoas muda com o tempo?

Como todos os seres vivos, as pessoas nascem, crescem, podem se reproduzir, envelhecem e morrem.

Recorte de jornais e revistas figuras de pessoas de diferentes idades e cole-as acima. Observe as diferenças e converse a respeito com os colegas e o professor.

▶ CORPO EM MOVIMENTO

A FORMIGUINHA

FUI AO MERCADO COMPRAR CAFÉ,
VEIO A FORMIGUINHA E SUBIU NO MEU PÉ
EU SACUDI, SACUDI, SACUDI,
MAS A FORMIGUINHA NÃO PARAVA DE SUBIR.
FUI AO MERCADO COMPRAR BATATA-ROXA,
VEIO A FORMIGUINHA E SUBIU NA MINHA COXA.
EU SACUDI, SACUDI, SACUDI,
MAS A FORMIGUINHA NÃO PARAVA DE SUBIR.
FUI AO MERCADO COMPRAR JERIMUM,
VEIO A FORMIGUINHA E SUBIU NO MEU BUMBUM.
EU SACUDI, SACUDI, SACUDI,
MAS A FORMIGUINHA NÃO PARAVA DE SUBIR.
FUI AO MERCADO COMPRAR MAMÃO,
E A FORMIGUINHA SUBIU NA MINHA MÃO.
EU SACUDI, SACUDI, SACUDI,
MAS A FORMIGUINHA NÃO PARAVA DE SUBIR.

CANTIGA.

DAYANE RAVEN

SE LIGUE NA REDE

Que tal aprender mais sobre as partes do corpo e se divertir imitando o movimento dos animais? Acesse o *link* a seguir, cante e dance com os colegas e o professor.

▼ https://tvcultura.com.br/videos/39762_sacudir-o-esqueleto-as-diferentes-partes-do-corpo-18-11-13.html (acesso em: 28 mar. 2023).

▼ Você gosta de movimentar o corpo?
Cante a cantiga e faça gestos para dramatizá-la. Depois, pinte as partes do corpo mencionadas.

OS SENTIDOS

OLFATO   TATO   AUDIÇÃO   VISÃO   GUSTAÇÃO

M	Y	A	U	D	I	Ç	Ã	O	J
F	J	R	T	C	M	V	N	U	Y
W	T	A	T	O	D	U	C	L	T
O	F	I	Z	V	X	H	E	C	V
T	H	N	M	K	V	R	W	S	Z
Q	D	G	U	S	T	A	Ç	Ã	O
K	B	Z	V	I	E	Q	H	S	U
V	I	S	Ã	O	J	R	P	C	A
P	N	E	W	A	Z	K	R	X	L
Q	D	T	U	O	L	F	A	T	O

▼ Você se lembra quais são os cinco sentidos?
▼ Por que eles são importantes?

Observe as imagens e identifique cada sentido representado. Depois, encontre e pinte no diagrama os nomes dos sentidos.

▼ Que órgãos do corpo são responsáveis pelos sentidos?

Fale para os colegas e o professor.

ALIMENTAÇÃO SAUDÁVEL

▼ Como você se alimenta?
▼ Quais alimentos costuma comer com frequência?

Diga em voz alta o nome dos alimentos que você mais consome para que o professor os registre na lousa. Depois, copie no bloco de notas apenas o nome dos alimentos saudáveis.

▼ Você acha que sua alimentação está correta?

ALIMENTOS QUE NOS DÃO ENERGIA

ALGUNS ALIMENTOS DEVEM SER CONSUMIDOS EM MAIOR QUANTIDADE, POIS NOS DÃO ENERGIA E AJUDAM A REGULAR AS FUNÇÕES DO ORGANISMO.

CEREAIS, PÃES E MASSAS **TUBÉRCULOS E RAÍZES**
HORTALIÇAS E LEGUMES **FRUTAS**

ILUSTRAÇÕES: HENRIQUE BRUM

▼ Você sabe quais alimentos devem ser consumidos em um dia para termos uma alimentação saudável?

Observe as imagens e pinte os alimentos de acordo com a legenda.

PIRÂMIDE ALIMENTAR

A PIRÂMIDE ALIMENTAR ILUSTRA A QUANTIDADE DE CADA TIPO DE ALIMENTO QUE DEVEMOS CONSUMIR EM UM DIA.

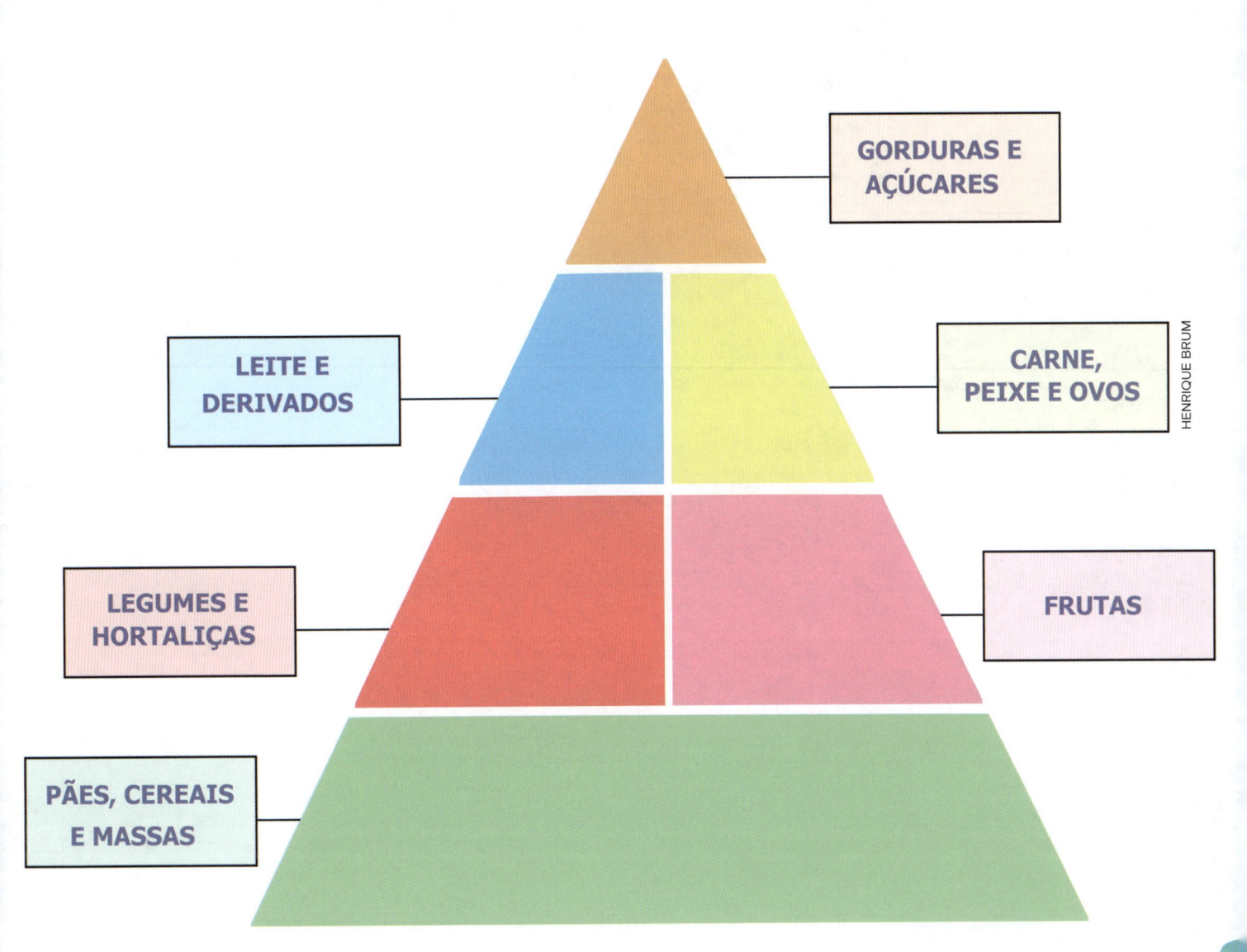

- GORDURAS E AÇÚCARES
- LEITE E DERIVADOS
- CARNE, PEIXE E OVOS
- LEGUMES E HORTALIÇAS
- FRUTAS
- PÃES, CEREAIS E MASSAS

▼ Você sabe o que é uma pirâmide alimentar?

Para manter a saúde e ter energia ao longo do dia, precisamos de uma alimentação equilibrada.

Destaque as figuras da página 423 do encarte e cole os alimentos de acordo com os grupos alimentares para completar a pirâmide.

TAREFA PARA CASA 1

CUIDADOS COM O CORPO

DAYANE RAVEN

▼ Além de uma boa alimentação, que outros cuidados devemos ter com o corpo?

Pinte a figura que está no fundo do mosaico e descubra um deles. Depois, escreva da maneira que souber uma frase para apresentar esse cuidado.

PARA UM CORPO SAUDÁVEL: HIGIENE E SAÚDE

☐ HIGIENE   ☐ SAÚDE

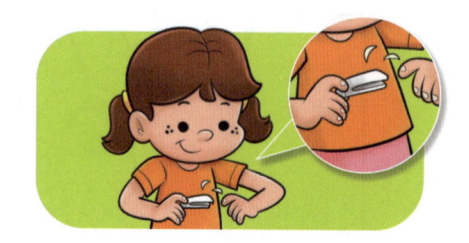

ILUSTRAÇÕES: MARCOS MACHADO

▼ Quais cuidados devemos ter com o corpo?
Observe as imagens e circule-as de acordo com a legenda. Depois, converse com os colegas e o professor sobre essas ações.

QUEM É ELA?

EU SOU UMA LAGARTIXA!

OI. EU SOU UMA LAGARTIXA.
SOU MUITO RÁPIDA.
CORRO DE UM CANTO
PARA O OUTRO.
QUANDO PERCO MEU RABO,
NASCE UM NOVO.
GOSTO DE COMER
MOSQUITOS. [...]

ALEXANDRE DE CASTRO GOMES. **EU SOU UMA LAGARTIXA**. SÃO PAULO: EDITORA DO BRASIL, 2017. P. 4, 6, 7 E 9.

▼ Você já viu uma lagartixa?
▼ Será que ela é um ser vivo?

 Ouça a leitura do texto e descubra. Escolha outro animal e desenhe-o para mostrar as características dele. Depois, escreva o nome como souber.

O MOVIMENTO DAS AVES

MARCOS MACHADO

▼ Você sabe como as aves se movimentam? Observe a imagem e pinte-a.
▼ Que ave é essa? Escreva o nome dela como souber.
▼ Que parte do corpo as aves usam para voar?
▼ De que é coberto o corpo das aves?

CONHECENDO AS AVES

D	Z	C	T	K	K	B	U	O	C
T	G	U	O	U	Q	K	R	N	E
L	F	A	S	A	S	K	T	X	G
W	L	N	U	A	M	Y	Z	N	Y
F	D	N	E	G	W	B	V	S	A
S	Q	L	O	P	A	T	A	S	R
J	A	O	N	Y	I	P	L	G	F
P	E	N	A	S	B	L	L	W	W
Z	N	J	C	T	C	G	L	Y	J
H	M	G	B	I	C	O	Z	T	B

Existem várias espécies de aves. Observe as imagens de três aves e diga o que elas têm em comum.

▼ Como se chamam as partes do corpo das aves?

Encontre o nome dessas partes no diagrama de palavras e pinte--os. Depois, escreva no caderno o que as aves conseguem fazer.

▼ Será que todas as aves conseguem voar?
▼ Quais aves conseguem nadar?

▶ OUTROS ANIMAIS

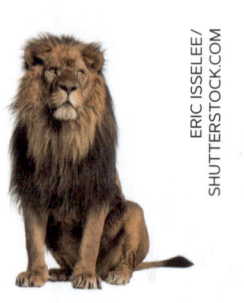

ERIC ISSELEE/SHUTTERSTOCK.COM
KLETR/SHUTTERSTOCK.COM
MARIA SPB/

MIROSLAV HALAMA/SHUTTERSTOCK.COM
DAN KOSMAYER/SHUTTERSTOCK.COM
ALEXEY SEAFARER/SHUTTERSTOCK.COM

JAROSLAVA V/SHUTTERSTOCK.COM
ZHENGZAISHURU/SHUTTERSTOCK.COM

▼ Você conhece esses animais?
▼ O que sabe sobre eles?

Observe as imagens e escreva o nome dos animais. Depois, converse com os colegas e fale o que você sabe deles.

Circule os animais cujo corpo é coberto de pelos.

▶ COMO ELES SÃO?

MAMÍFEROS
TÊM O CORPO COBERTO DE PELOS, QUATRO PATAS, NASCEM DA BARRIGA DA MÃE E MAMAM QUANDO FILHOTES.

ILUSTRAÇÕES: MARCOS MACHADO

PEIXES
TÊM O CORPO COBERTO DE ESCAMAS, NADADEIRAS, VIVEM NA ÁGUA E NASCEM DE OVOS.

RÉPTEIS
TÊM O CORPO COBERTO POR ESCAMAS OU CASCO DURO, TÊM PATAS CURTAS OU NÃO TÊM PATAS, RASTEJAM E NASCEM DE OVOS.

▼ Você consegue identificar esses animais?
Ouça a leitura do professor e pinte apenas aqueles com as características indicadas.
▼ Que animais você pintou em cada grupo?

AS PLANTAS MUDAM COM O TEMPO

ILUSTRAÇÕES: HENRIQUE BRUM

- ▼ Você sabia que as plantas mudam com o tempo?
- ▼ Quais são as etapas do ciclo de vida das plantas? Observe as imagens e numere essas etapas.
- ▼ Você sabe do que uma planta precisa para viver? Conte para os colegas e o professor.

O QUE A PLANTA TEM?

TUCUMÃ

COM TUCUMÃ PEÇO
QUE O VERSO CAPRICHE,
PORQUE DÁ RECHEIO
PARA O SANDUÍCHE.

TAMBÉM É NASCIDO
DE UMA PALMEIRA
QUE LÁ NA AMAZÔNIA
SE EXIBE FACEIRA.

NÃO É PELO TRONCO
QUE É CHEIO DE ESPINHO,
MAS O QUE ENCANTA
É A COR DO COQUINHO.

LARANJA CORAL,
PARECE UMA FESTA
QUE DÁ BRILHO AO VERDE
DE TODA FLORESTA.

DA FRUTA EU FAÇO,
O LICOR E O VINHO
E AINDA DE SOBRA
EU COMO O COQUINHO.

DELE EU JÁ PROVEI
E VIREI SEU FÃ,
QUEM NUNCA COMEU
COMA O TUCUMÃ!

CÉSAR OBEID. **CORES DA AMAZÔNIA: FRUTAS E BICHOS DA FLORESTA**.
SÃO PAULO: EDITORA DO BRASIL, 2015. P. 10.

▼ Você já ouviu falar de uma planta chamada tucumã?
   Ouça a leitura do poema e descubra como ela é. Depois, circule no texto o nome de algumas partes das plantas citadas.
▼ Quais são as outras partes de uma planta?
   Pinte a árvore de tucumã.

UNIDADE 2
NOSSO PLANETA: A TERRA

Este é o planeta em que vivemos, a Terra.

- O que há em nosso planeta?
- Que seres vivos habitam o planeta?
- O que mais existe na Terra?
  Destaque as figuras da página 407 do encarte e cole-as ao redor do planeta.
- O que elas representam?

SERES VIVOS NO PLANETA TERRA

OS SERES VIVOS NASCEM, CRESCEM, PODEM SE REPRODUZIR, ENVELHECEM E MORREM.

_____

_____

_____

_____

▼ O que sabemos sobre os seres vivos que habitam nosso planeta?
Leia a frase e represente cada etapa do ciclo de vida dos seres vivos com desenhos.
▼ De que eles precisam para viver?
Escreva nas linhas acima.

O SOL É UMA ESTRELA

▼ Como os seres vivos se aquecem?
O Sol é muito importante para a vida. Sem sua luz e seu calor, não haveria vida na Terra.
▼ Como você vê o Sol?
Desenhe-o utilizando tinta e pincel.

O QUE NOS RODEIA?

| ★ | O | ★ | A | R | ★ | Q | U | E | ★ | R | E | S | P | I | R | A | M | O | S |

▼ Que outro elemento da natureza é muito importante para a vida?

Pinte os espaços com pontinhos nas cores indicadas. Depois, copie as letras do diagrama e forme uma frase.

▼ O que você descobriu?

DESCOBRINDO O AR

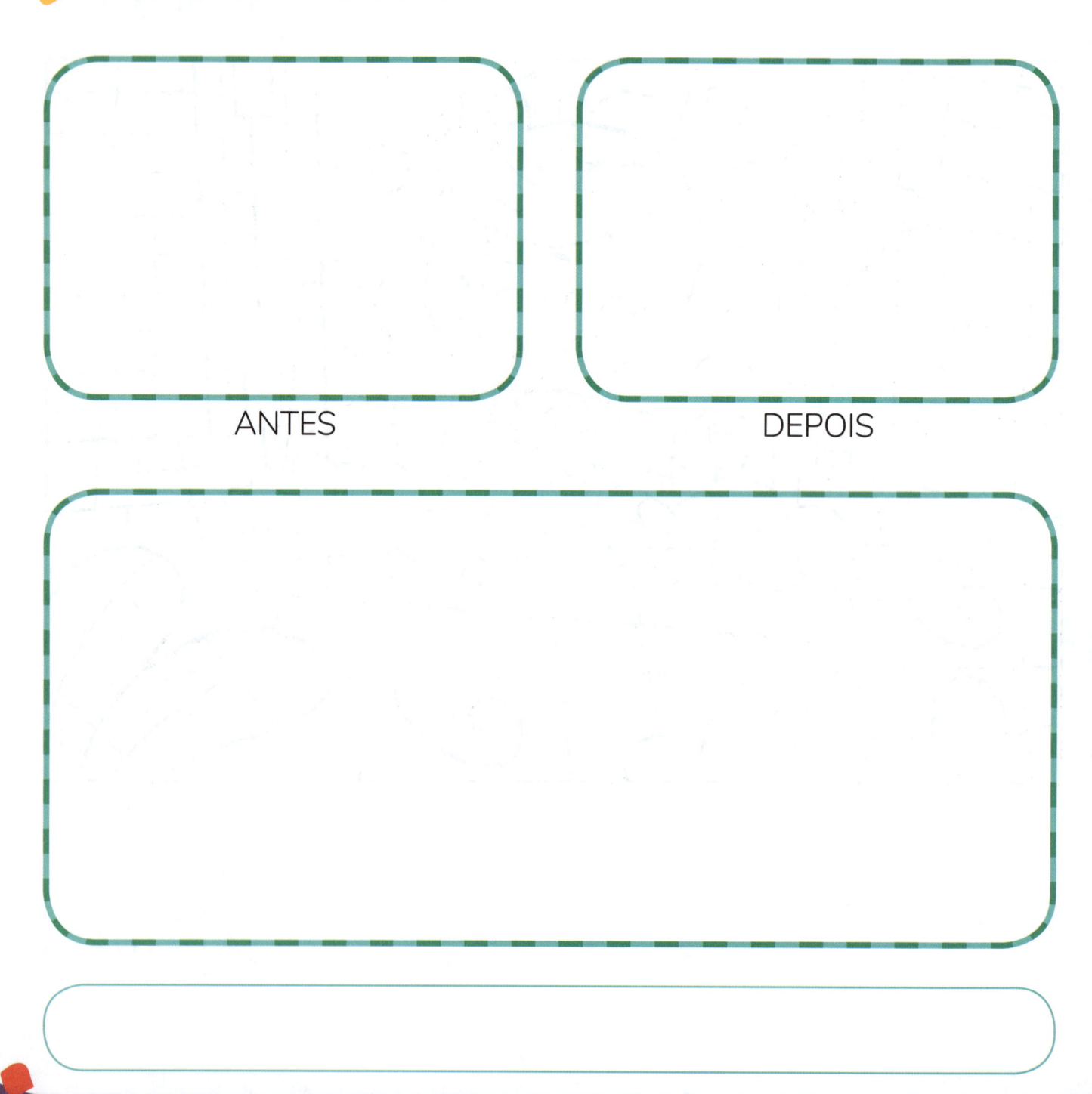

ANTES

DEPOIS

▼ Você sabia que é possível comprovar a existência do ar por meio de alguns objetos?

Encha o balão que o professor irá distribuir. Depois, desenhe nos quadros como era o balão antes e como ele ficou depois de cheio.

▼ Você conhece outro objeto que mostra a existência do ar?

Desenhe-o no quadro maior e escreva como souber o nome dele.

▶ ONDE ESTÁ A ÁGUA?

- ▼ Você sabe onde encontramos a água?
- ▼ Será que ela está apenas na natureza?

Observe as imagens e escreva onde podemos encontrar a água.

UTILIDADES DA ÁGUA

COZINHAR.

HIDRATAR O CORPO.

LAVAR AS ROUPAS.

IRRIGAR PLANTAÇÕES.

▼ Por que a água é importante para os seres vivos?
▼ Como a utilizamos no dia a dia?
   Observe as imagens e ligue-as às frases correspondentes.

SEGREDOS DA TERRA

- ▼ Para que serve o solo?
- ▼ Você sabe quais são os elementos que compõem o solo?

Converse com os colegas e o professor. Depois, pinte os elementos que formam o solo.

O ESCURO DA NOITE

MARCOS MACHADO

- ▼ O que acontece à noite?
- ▼ O que vemos no céu quando anoitece?
  Observe a imagem e desenhe o que aparece no céu à noite.
- ▼ Você acha que o período noturno é importante? Por quê?
  Converse com os colegas e o professor a respeito.

O QUE HÁ NO MEIO AMBIENTE?

▼ Você sabe o que há no meio ambiente?
Lembre-se de tudo o que viu até agora e diga os elementos do ambiente para que o professor registre-os na lousa. Depois, faça um desenho representando o meio ambiente.

O QUE TRANSFORMAMOS

| FERRO | OURO | MÁRMORE | ARGILA |

MIKHAIL OLYKAINEN/SHUTTERSTOCK.COM

TEREKHOV IGOR/SHUTTERSTOCK.COM

GREGORY/SHUTTERSTOCK.COM

PARDON06/SHUTTERSTOCK.COM

▼ Você sabia que **elementos não vivos** da natureza podem ser transformados?

Alguns elementos não vivos, como os minerais, podem ser transformados pelo ser humano em objetos usados no dia a dia.

Observe as imagens e descubra qual elemento não vivo foi usado na produção de cada objeto. Copie dos quadros o nome dos elementos.

PROTEGENDO A NATUREZA

Fotos: DMITRY KALINOVSKY/SHUTTERSTOCK.COM; RAWPIXEL.COM/SHUTTERSTOCK.COM; TARCISIO SCHNAIDER/SHUTTERSTOCK.COM; RICARDO TELES/PULSAR IMAGENS

▼ Você sabe o que é desmatamento?

A madeira é utilizada na fabricação de diversos produtos. Para isso, muitas árvores são derrubadas causando destruição de florestas.

Observe as imagens e circule as ações que contribuem para a preservação das florestas.

ANIMAIS EM RISCO DE EXTINÇÃO

MICO-LEÃO-DOURADO.

BICHO-PREGUIÇA.

TATU-BOLA.

PEIXE-BOI.

LOBO-GUARÁ.

JACARÉ-DO-PAPO-AMARELO.

ILUSTRAÇÕES: MARCOS MACHADO

▼ Você sabe o que significa animais em risco de extinção?

São os animais que estão desaparecendo da natureza, por isso dizemos que correm risco de extinção.

Pinte os animais. Depois, converse com os colegas e o professor e escreva nas linhas o que põe em risco a vida deles.

▼ O que podemos fazer para evitar a extinção desses animais?

POLUIÇÃO FAZ MAL À SAÚDE

GERSON GERLOFF/PULSAR IMAGENS

IURII STEPANOV/SHUTTERSTOCK.COM

CHICO FERREIRA/PULSAR IMAGENS

TINNAPONG/SHUTTERSTOCK.COM

▼ Você acha que o ser humano modifica a natureza? Por quê?

Os hábitos e costumes dos seres humanos modificam o local em que vivem. Alguns hábitos poluem a natureza.

Observe as imagens e marque um **X** nas cenas que mostram a poluição do ambiente.

RESPEITO À NATUREZA

- Você sabe como podemos cuidar da natureza?
- Que atitudes contribuem para a conservação do meio ambiente?

Observe as cenas e escreva as ações representadas.

Depois, pense em mais uma ação positiva para o meio ambiente e converse com seus colegas e seu professor.

TAREFA PARA CASA 2

SER CIDADÃO

ATITUDES QUE FAZEM A DIFERENÇA

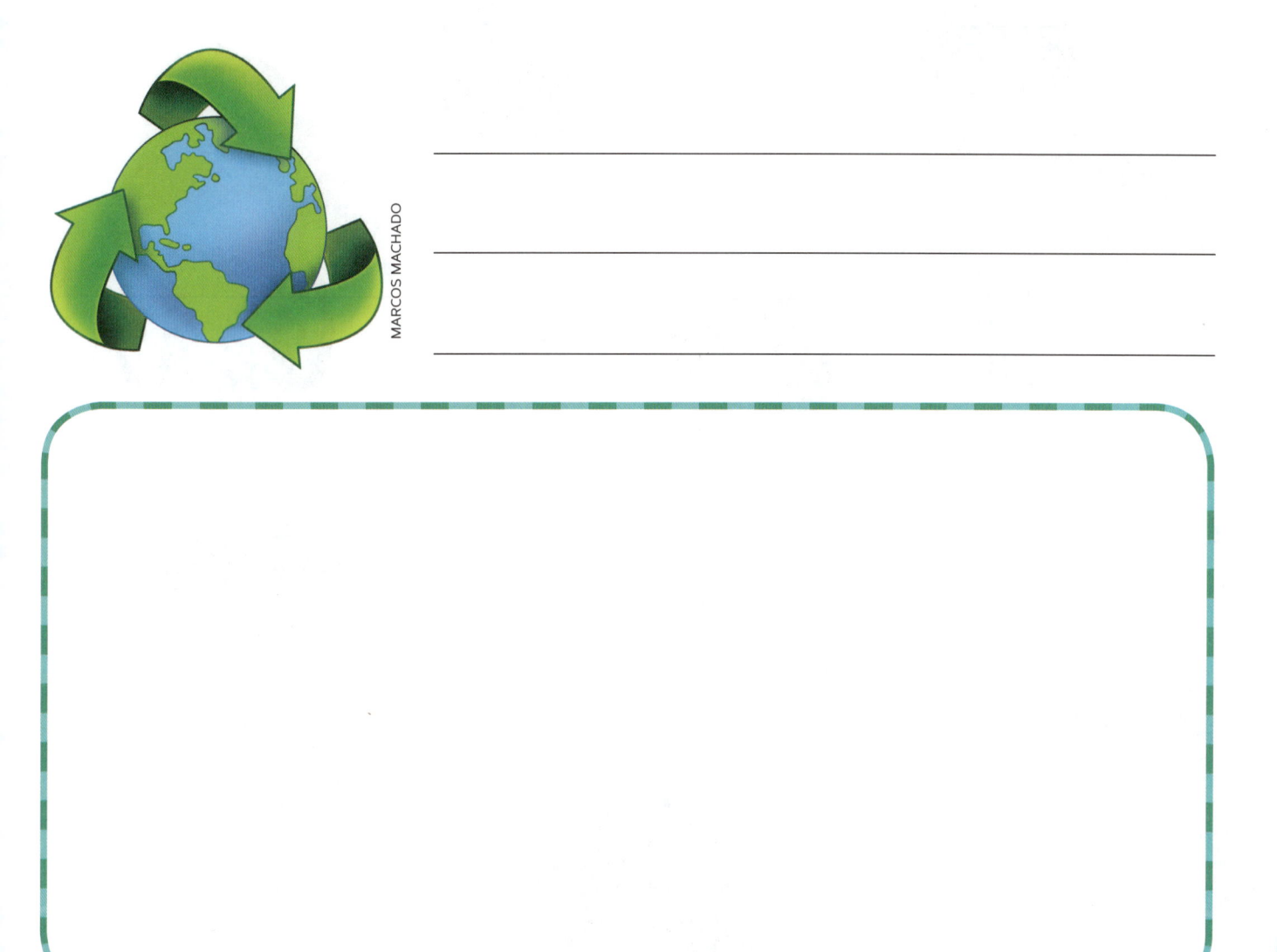

MARCOS MACHADO

▼ Você conhece esse símbolo?

Pesquise e escreva o que ele representa. Depois, no quadro, desenhe alguns materiais que podem ser reciclados.

▼ Por que a reciclagem é importante para o planeta?

UNIDADE 3
CRIANÇAS COMO VOCÊ

MATEUS

HENRIQUE

BÁRBARA

MARIA

RAUL

ANA JÚLIA

MIGUEL

- As crianças são todas iguais? O que você imagina que elas estão fazendo?
- Que características nos fazem diferentes uns dos outros? Leia o nome das crianças e observe as características delas. Depois, desenhe a si mesmo e escreva seu nome.
- Você se parece com alguma das crianças da ilustração? Descreva aos colegas e ao professor como você é.

MARINA

RAFAEL

LUÍSA

LETÍCIA

GABRIEL

PEDRO

MARCELA

▶ SOU CIDADÃO! TENHO UM NOME!

EU TENHO UM NOME.
E QUEM NÃO TEM?
SEM DOCUMENTO,
EU NÃO SOU NINGUÉM.
EU SOU MARIA, EU SOU JOÃO!
COM CERTIDÃO DE NASCIMENTO,
SOU CIDADÃO!

UNICEF. **A IMPORTÂNCIA DO REGISTRO CIVIL DE NASCIMENTO**. [S. L.: S. N.], 2008. PUBLICADO PELO CANAL BRAZIL NATION. DISPONÍVEL EM: WWW.YOUTUBE.COM/WATCH?V=V1SEUHM-3AM. ACESSO EM: 28 MAR. 2023.

SE LIGUE NA REDE

Para entender a importância do nome e da Certidão de Nascimento e saber como obtê-la, acesse o vídeo do Unicef no *link* a seguir (acesso em: 28 mar. 2023).

▼ www.youtube.com/watch?v=V1sEUHm-3AM

DECLARAÇÃO UNIVERSAL DOS DIREITOS DA CRIANÇA – PRINCÍPIO 3º

DESDE O NASCIMENTO, TODA CRIANÇA TERÁ DIREITO A UM NOME E A UMA NACIONALIDADE.

ONU. DECLARAÇÃO UNIVERSAL DOS DIREITOS DA CRIANÇA. *IN*: **MINISTÉRIO PÚBLICO DO PARANÁ.** CURITIBA: MINISTÉRIO PÚBLICO DO PARANÁ, [20--]. DISPONÍVEL EM: HTTPS://SITE.MPPR.MP.BR/CRIANCA/PAGINA/DECLARACAO-UNIVERSAL-DOS-DIREITOS-DA-CRIANCA-0. ACESSO EM: 28 MAR. 2023.

▼ Você já viu uma Certidão de Nascimento?
▼ Para que ela serve?

Ouça a leitura do professor e descubra qual é o assunto dos textos. Depois, escreva seu nome no quadro.

▼ O que você sabe sobre a escolha do seu nome?
▼ Quem o escolheu?

NOME E SOBRENOME

ALÉM DO NOME, TODAS AS PESSOAS TÊM UM OU MAIS SOBRENOMES. NORMALMENTE, O SOBRENOME INDICA A FAMÍLIA DA QUAL A PESSOA FAZ PARTE.

> OI! MEU NOME É BIANCA DOS SANTOS GARCIA.

> OLÁ! MEU NOME É EDUARDO MORAES.

ILUSTRAÇÕES: MARCOS MACHADO

▼ Na sua família, todos têm o mesmo sobrenome?

Com a ajuda do professor, leia os balões e circule o sobrenome das crianças. Depois, escreva seu nome e sobrenome no quadro.

▼ Você sabe a origem de seu sobrenome?

MINHA HISTÓRIA REGISTRADA

REPÚBLICA FEDERATIVA DO BRASIL
REGISTRO CIVIL DAS PESSOAS NATURAIS

CERTIDÃO DE NASCIMENTO

NOME: Élio de Oliveira Brandão Notti

MATRÍCULA: 085407 01 55 1911 1 00010 044 0000107 84

DATA DE NASCIMENTO (POR EXTENSO): Quinze de setembro de dois mil e dezessete
DIA: 15 **MÊS:** 09 **ANO:** 2017

HORA DE NASCIMENTO: 09h 40 min
MUNICÍPIO DE NASCIMENTO E UNIDADE DA FEDERAÇÃO: São Paulo - SP

MUNICÍPIO DE REGISTRO E UNIDADE DA FEDERAÇÃO: São Paulo - SP
LOCAL DE NASCIMENTO: Matern. São Luiz
SEXO: Masculino

FILIAÇÃO
PAI: Claudio de Oliveira Notti
MÃE: Ana Luiza Alcantara

AVÓS
AVÔ PATERNO: Jose Carlos Oliveira Notti **
AVÔ MATERNO: Luis Carlos Alcantara **
AVÓ PATERNA: Sandra Matiz Notti **
AVÓ MATERNA: Laura Mendes Alcantara **

GÊMEOS: Não
NOME E MATRÍCULA DO(S) GÊMEO(S): --------**

DECLARANTE

DATA DO REGISTRO (POR EXTENSO): Quinze de setembro de dois mil e treze
NÚMERO DA DNV (DECLARAÇÃO DE NASCIDO VIVO): --------

OBSERVAÇÕES / AVERBAÇÕES: O pai natural de São Paulo - SP e a mãe natural do Ipiranga - São Paulo - SP ambos residentes nesta cidade.

NOME DO OFÍCIO: Ofício de Registro de Títulos e Documentos
OFICIAL REGISTRADOR:
MUNICÍPIO/UF:
ENDEREÇO:

O conteúdo da certidão é verdadeiro. Dou fé.
Data e Local:

Assinatura do Oficial

Observe a Certidão de Nascimento e leia-a com a ajuda do professor. Depois, circule de **azul** o nome da criança e de **vermelho** o sobrenome dela.

▼ Que outras informações a Certidão de Nascimento traz sobre a história dessa criança?

MUITOS NOMES E SOBRENOMES

ARAÚJO   OLIVEIRA   MARTINS   NOGUEIRA   SOUSA   SANTOS   SILVA

CAMILA _____

JOÃO _____

LUCAS _____

MARIANA _____

▼ Quantos sobrenomes você tem?
▼ O que vem primeiro: o nome ou o sobrenome?

Observe o quadro e leia os sobrenomes com a ajuda do professor. Depois, complete a lista de chamada copiando os sobrenomes com a mesma cor do nome.

Troque de livro com um colega e escreva seu nome e sobrenome no livro dele.

DOCUMENTOS GUARDAM HISTÓRIA

OS DOCUMENTOS PESSOAIS REGISTRAM INFORMAÇÕES SOBRE NOSSA VIDA.

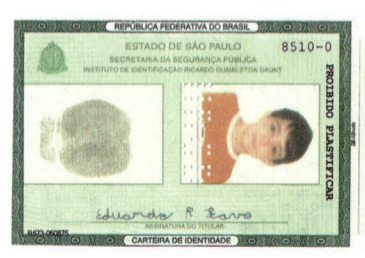

REGISTRO GERAL – RG.

CADERNETA DE VACINAÇÃO.

PASSAPORTE.

CARTEIRA DE ESTUDANTE.

▼ Você conhece esses documentos?
▼ Por que eles são importantes?
Circule os documentos que você tem.
▼ Você conhece algum outro documento? Conte aos colegas e ao professor.

TODA CRIANÇA TEM DIREITOS

VOCÊ CONHECE SEUS DIREITOS?

DIREITO À VIDA.

DIREITO À EDUCAÇÃO.

DIREITO AO LAZER.

DIREITO À SAÚDE.

DIREITO À CONVIVÊNCIA FAMILIAR.

DIREITO À CULTURA.

ILUSTRAÇÕES: HENRIQUE BRUM

▼ Você sabe o que são direitos?
▼ Você conhece os direitos da criança?

Observe as ilustrações e conheça alguns direitos da criança. Depois, pinte as imagens.

▼ Em sua opinião, esses direitos estão sendo respeitados?

Converse com os colegas e o professor. Depois, copie da lousa, em uma folha à parte, a conclusão da turma.

SOU CRIANÇA, TENHO DEVERES!

VOCÊ SABIA QUE, ALÉM DE DIREITOS, AS CRIANÇAS TAMBÉM TÊM DEVERES?

A	B	D	E	F	I	M
△	★	◆	■	●	▬	⬟
N	O	P	R	S	T	U
●	◆	■	★	⬟	△	▬

RESPEITAR OS

__P__ __A__ __I__ __S__

RESPEITAR OS

__P__ __R__ __O__ __F__ __E__ __S__ __S__ __O__ __R__ __E__ __S__

RESPEITAR OS

__I__ __D__ __O__ __S__ __O__ __S__

PROTEGER O

__M__ __E__ __I__ __O__ __A__ __M__ __B__ __I__ __E__ __N__ __T__ __E__

▼ O que são deveres?
▼ Você sabe quais são os deveres das crianças?
▼ Será que só as crianças têm deveres? E os adultos?

Substitua os símbolos pelas letras e descubra quatro deveres das crianças. Depois, escolha um deles e, em uma folha à parte, faça um desenho para representá-lo e exponha-o no mural.

O COMEÇO DA NOSSA HISTÓRIA

ILUSTRAÇÕES: HENRIQUE BRUM

▼ Onde começa nossa história?
   Observe os desenhos.
▼ Como são as famílias representadas?
▼ Sua família se parece com alguma delas?
   Circule a família que você acha mais parecida com a sua. Depois, descreva sua família para os colegas e o professor.

AS PESSOAS DA MINHA FAMÍLIA

A MINHA FAMÍLIA

EU GOSTO DA MINHA MÃE,
DO MEU PAI,
DO MEU IRMÃO.
NEM SEI COMO TANTA GENTE
CABE NO MEU CORAÇÃO.

PEDRO BANDEIRA. **POR ENQUANTO SOU PEQUENO**. SÃO PAULO: MODERNA, 2009. P. 13.

Você já aprendeu que toda criança tem direito a ter uma família.
▼ Como é sua família?
Ouça a leitura do professor e descubra quem são os membros dessa família. Em seguida, desenhe sua família e apresente-a aos colegas.

▶ **TODA FAMÍLIA TEM UMA HISTÓRIA**

_____

_____

_____

_____

▼ O que você sabe da história da sua família?

Escreva acima, do jeito que souber, como é sua família e quem faz parte dela. Depois, peça a um de seus familiares que escreva, em uma folha à parte, um pouco da história da família. Por fim, cole a folha no quadro.

▶ ROTINA EM FAMÍLIA

[...] TODO MUNDO NA MINHA CASA ACORDA CEDO. A GENTE TOMA CAFÉ TODOS JUNTOS. E A GENTE JANTA TODOS JUNTOS. MEU PAI NÃO VEM ALMOÇAR EM CASA, PORQUE ELE TRABALHA LONGE. MINHA MÃE VEM TODOS OS DIAS PORQUE ELA TRABALHA MAIS PERTO [...].

RUTH ROCHA. **A FAMÍLIA DO MARCELO**. SÃO PAULO: SALAMANDRA, 2011. P. 16.

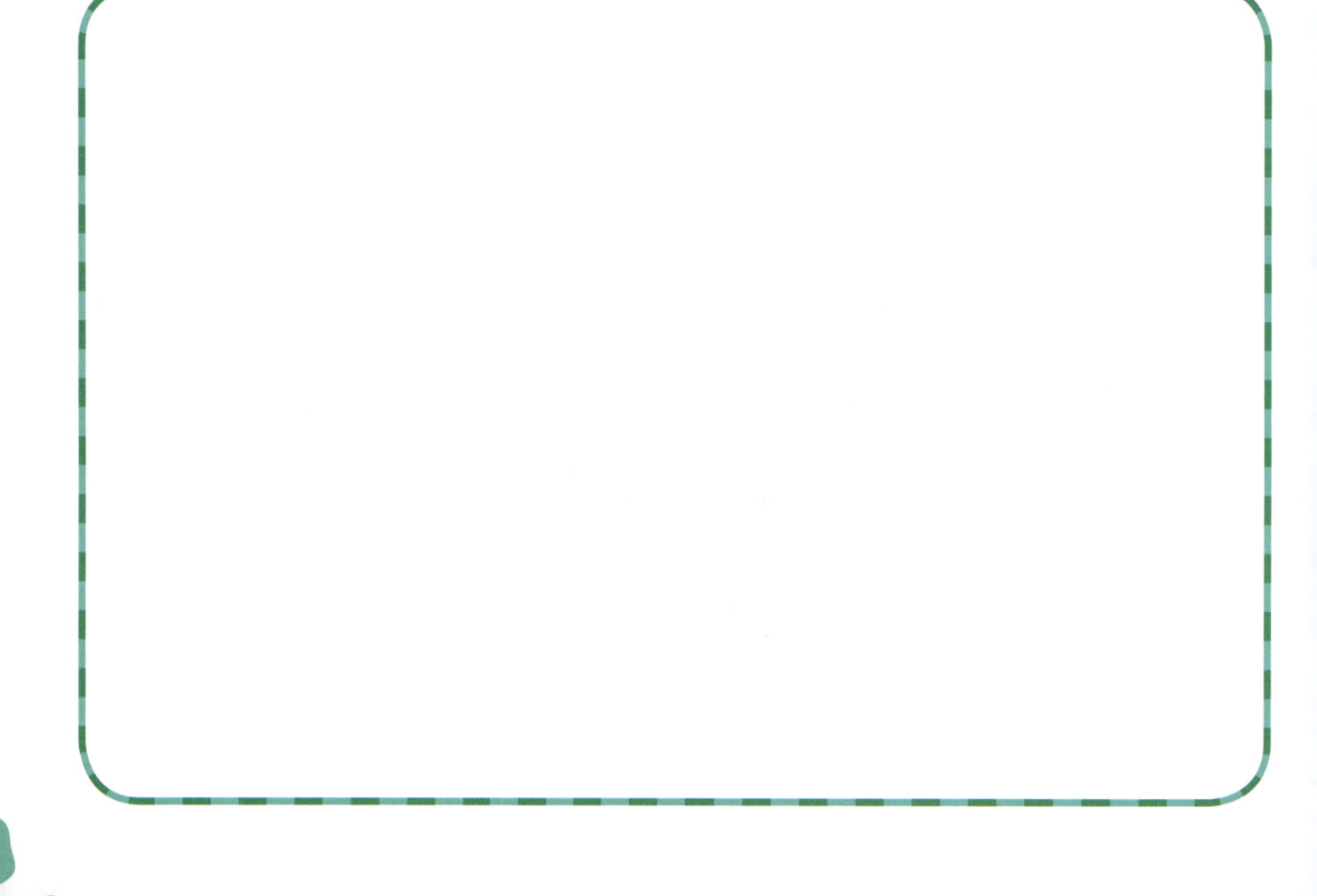

▼ Como é sua rotina em família?
Ouça um trecho da história da família do Marcelo.
▼ Quais atividades os membros da família dele fazem juntos?
Desenhe e escreva algo que você e sua família fazem juntos todos os dias.

OUTRAS PESSOAS DA FAMÍLIA

ALÉM DOS PAIS E IRMÃOS, AS FAMÍLIAS TÊM OUTROS PARENTES. OS AVÓS, QUE SÃO OS PAIS DOS MEUS PAIS, OS TIOS, QUE SÃO OS IRMÃOS DOS MEUS PAIS, E OS PRIMOS, QUE SÃO OS FILHOS DOS MEUS TIOS.

MEUS AVÓS PATERNOS SÃO:

MEUS AVÓS MATERNOS SÃO:

MEUS TIOS SÃO:

MEUS PRIMOS SÃO:

▼ Que outras pessoas da sua família você conhece? Ouça a leitura do professor e escreva o nome de alguns parentes seus.

▶ VISITANDO PARENTES

A COLCHA DE RETALHOS

[...] NOS FINAIS DE SEMANA, FELIPE VAI PARA CASA DA VOVÓ. É UMA DELÍCIA! VOVÓ SABE FAZER BOLO DE CHOCOLATE, BRIGADEIRO, BALA DE COCO, PÃO DE QUEIJO... ENFIM, SABE FAZER TUDO QUE FELIPE GOSTA [...]. VOVÓ SABE CONTAR HISTÓRIAS COMO NINGUÉM [...].

CONCEIL CORRÊA DA SILVA E NYE RIBEIRO SILVA. **A COLCHA DE RETALHOS**. SÃO PAULO: EDITORA DO BRASIL, 2010. P. 4-7.

▼ Você costuma visitar parentes?
▼ O que mais gosta de fazer quando está com eles?

Ouça a leitura do professor e descubra qual parente Felipe gosta de visitar. Depois, faça um desenho para representar um dia de visita a um parente seu.

LEMBRANÇAS DO MEU TEMPO DE CRIANÇA

UMA FOTO, MUITAS LEMBRANÇAS

QUANDO EU ERA CRIANÇA, TODO DOMINGO ACONTECIA UM ALMOÇO EM FAMÍLIA. MINHA MÃE ACORDAVA CEDO E PREPARAVA A COMIDA. QUANDO O ALMOÇO FICAVA PRONTO, EU, A FILHA MAIS VELHA, ARRUMAVA A MESA. E QUANDO MAMÃE CHAMAVA, TODOS SE SENTAVAM À MESA. COMO ERA BOM TER A FAMÍLIA TODA REUNIDA!

RELATO ESCRITO ESPECIALMENTE PARA ESTA OBRA.

A) QUEM PREPARAVA A COMIDA?

_____

B) QUEM ARRUMAVA A MESA?

_____

SE LIGUE NA REDE

Para conhecer mais histórias de família, consulte o endereço a seguir e conheça o Museu da Pessoa (acesso em: 28 mar. 2023).

▼ www.museudapessoa.org/pt/home

▼ O que você costuma fazer com sua família?
Ouça a leitura do professor e responda às perguntas. Depois, escreva no quadro uma lembrança de um momento seu com a família.

QUE LUGAR É ESSE?

A CASA

SE VOCÊ FOSSE UMA CASA, QUE TIPO GOSTARIA DE SER?
UMA CASA BEM GRANDE, COM LUGAR PARA MUITA GENTE?
UMA CASA PEQUENA LÁ NO ALTO DA SERRA?
UMA CASA ALEGRE, COM BICHOS E PLANTAS?
UMA CASA BEM GOSTOSA, COM JARDIM E QUINTAL?
UMA CASA ANTIGA, COM LAREIRA E CHAMINÉ? [...]

NYE RIBEIRO. **JEITO DE SER**. SÃO PAULO: EDITORA DO BRASIL, 2013. P. 4-5.

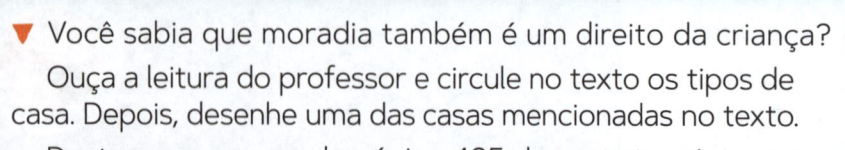

▼ Você sabia que moradia também é um direito da criança?
Ouça a leitura do professor e circule no texto os tipos de casa. Depois, desenhe uma das casas mencionadas no texto.
Destaque as peças da página 425 do encarte, pinte-as e monte uma casa.

TAREFA PARA CASA 3

QUANTAS CRIANÇAS? QUANTAS MORADIAS?

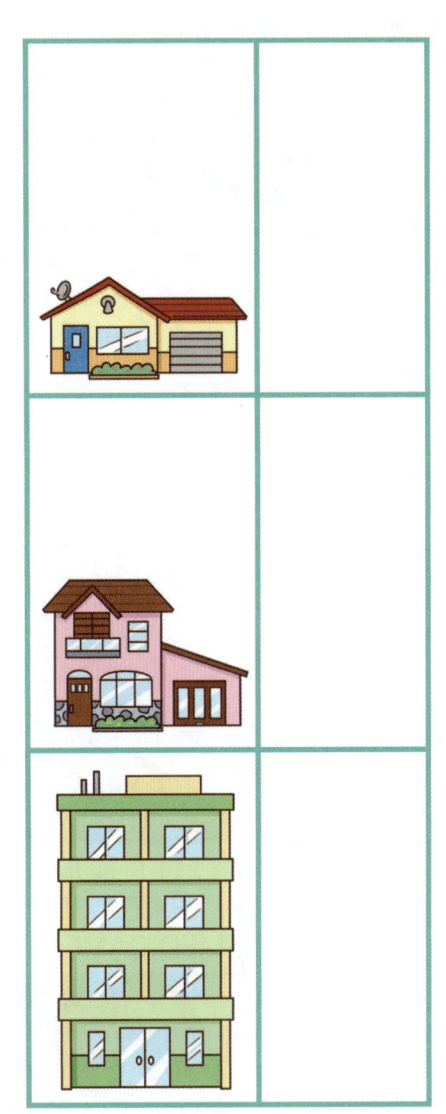

▼ Como são as moradias dos colegas de turma?

Faça uma pesquisa e descubra onde, das opções indicadas, cada colega da turma mora. Pinte um quadrinho para cada resposta, formando um gráfico.

▼ Quantos colegas moram em casa térrea ou sobrado?

▼ Quantos moram em apartamento?

Conte os quadrinhos e registre as quantidades no quadro ao lado do gráfico.

UNIDADE 4
O TEMPO E AS TRANSFORMAÇÕES

Saída

HÁ MUITO TEMPO O SER HUMANO VIVIA EM CAVERNAS.

DESENHE UMA MORADIA ATUAL.

O SER HUMANO FAZIA SEUS MEDICAMENTOS.

DESENHE O LUGAR ONDE ENCONTRAMOS MEDICAMENTOS.

ANTIGAMENTE, O SER HUMANO PRODUZIA SEUS OBJETOS DO COTIDIANO.

DESENHE UMA MANEIRA DE SE COMUNICAR PELA ESCRITA.

O SER HUMANO SE COMUNICAVA POR MEIO DE DESENHOS.

ANTES, O SER HUMANO TINHA DE CAÇAR E PESCAR SEU ALIMENTO.

DESENHE UM LUGAR ONDE PODEMOS ENCONTRAR ALIMENTOS.

DESENHE O LUGAR ONDE SÃO FABRICADOS OS OBJETOS DO COTIDIANO.

- Será que as coisas sempre foram como as conhecemos hoje?
Percorra o caminho, observe as ilustrações e acompanhe a leitura do professor. Depois, desenhe o que se pede em cada casa e compare o antigo com o atual.

- As mudanças ocorridas ao longo do tempo foram importantes para o ser humano? Por quê?
Converse com os colegas e o professor.

Chegada

TEMPO DE LEMBRAR

PENICO DE 1916.

JARRO E BACIA DE 1787.

LAMPIÃO DE 1897.

ESCARRADEIRA DE 1849.

▼ Você conhece esses objetos?

Observe as imagens e descubra o nome e a função de cada um. Depois, circule o ano em que eles eram usados.

▼ Em sua opinião, esses objetos fazem parte do cotidiano das pessoas atualmente?

Converse com os colegas e o professor.

GALERIA DE IMAGENS

TUDO AO NOSSO REDOR SE TRANSFORMA: AS ROUPAS, OS OBJETOS, AS CASAS, A PAISAGEM, OS MEIOS DE TRANSPORTE E DE COMUNICAÇÃO. AS FAMÍLIAS TAMBÉM MUDAM COM O PASSAR DO TEMPO.

▼ Você consegue perceber como mudou ao longo do tempo?
▼ E o lugar onde você mora? Passou por alguma transformação?

Converse com os colegas e o professor sobre o assunto. Depois, recorte de jornais e revistas figuras que representem objetos atuais usados em sua casa e cole-as no quadro. Escreva o nome dos objetos colados como souber.

Apresente seu trabalho para a turma.

FAMÍLIAS DE ONTEM E DE HOJE

ACERVO ICONOGRAPHIA

MONKEY BUSINESS IMAGES/SHUTTERSTOCK.COM

FAMÍLIA ANTIGA.

FAMÍLIA ATUAL.

Observe as imagens e compare-as.
- Qual fotografia é atual?
- E qual é antiga?
- Que diferenças você percebe entre as famílias fotografadas? Escreva nos quadros as características de cada uma.

▶ NA MINHA FAMÍLIA EU APRENDO MUITAS COISAS

▼ O que você já aprendeu com sua família?

Desenhe algo que você tenha aprendido com sua família. Depois, apresente seu desenho para os colegas e o professor e conte como foi esse aprendizado.

AS MORADIAS AO LONGO DO TEMPO

AS MORADIAS MUDARAM COM O PASSAR DO TEMPO. ALGUMAS MORADIAS ANTIGAS ESTÃO PRESERVADAS ATÉ HOJE, E OBSERVÁ-LAS NOS AJUDA A PERCEBER COMO AS PESSOAS VIVIAM ANTIGAMENTE.

ZÉ PAIVA/PULSAR IMAGENS

FABIO COLOMBINI

ANDRE DIB/PULSAR IMAGENS

MARCOS AMEND/PULSAR IMAGENS

▼ No lugar onde você mora as casas são antigas ou atuais?
▼ Você já viu uma casa antiga?

Observe as imagens e circule de **verde** as moradias antigas e de **amarelo** as moradias atuais.

Depois, em uma folha de papel, com a ajuda do professor, monte uma linha do tempo analisando as imagens.

IMAGINAR E CRIAR

▼ Como você imagina que serão as casas no futuro?

Com tinta e pincel, faça um desenho representando como seria uma casa do futuro. Depois, apresente sua pintura para os colegas e o professor. Solte a imaginação!

O PASSADO E O PRESENTE

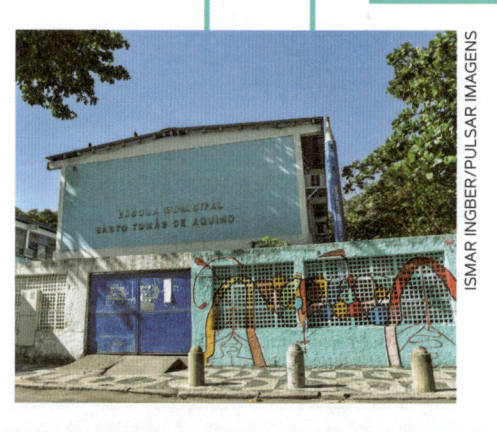

▼ Você acha que sua escola mudou com o passar do tempo? Observe as imagens e leve as crianças para a escola.

▼ O que há de semelhante e de diferente entre as duas escolas? Converse com os colegas e o professor e faça uma lista em uma folha de papel.

321

▶ UMA HISTÓRIA PARA CONTAR

A) NOME DO ENTREVISTADO:

_____

B) HÁ QUANTO TEMPO VOCÊ TRABALHA NA ESCOLA?

_____

C) POR QUE A ESCOLA TEM ESSE NOME?

_____

D) HÁ QUANTO TEMPO A ESCOLA EXISTE?

_____

E) O QUE MUDOU NA ESCOLA DESDE QUE VOCÊ COMEÇOU A TRABALHAR NELA?

_____

F) VOCÊ SE LEMBRA DE UM FATO MARCANTE QUE ACONTECEU NA ESCOLA?

_____

_____

▼ O que você sabe sobre a história da sua escola?
Escolha um profissional que trabalha há bastante tempo na escola e entreviste-o. Você e os colegas farão as perguntas e o professor escreverá as respostas na lousa. Em seguida, copie essas respostas.

MEMÓRIAS DE OUTROS TEMPOS

SR. AMADEU

NASCI NO BRÁS, RUA CARLOS GARCIA, 26, NO DIA 30 DE NOVEMBRO DE 1906 [...]. MEU PAI ERA ALFAIATE [...]. QUANDO CHEGOU EM SÃO PAULO, JÁ TINHA PROFISSÃO E FOI TRABALHAR COMO ALFAIATE. [...] NAQUELE TEMPO OS HOMENS USAVAM TERNO COMPLETO.

RELATO DE SR. AMADEU, NASCIDO NO ANO DE 1906. ECLÉA BOSI. **MEMÓRIA E SOCIEDADE: LEMBRANÇAS DE VELHOS**. SÃO PAULO: COMPANHIA DAS LETRAS, 1994. P. 124.

Ouça a leitura do professor.
▼ Que roupa os homens usavam naquela época?
Antigamente, os ternos eram feitos artesanalmente por um alfaiate. Observe as imagens e circule apenas os objetos utilizados pelo alfaiate.
▼ E hoje em dia, como são feitos os ternos?
▼ Será que ainda existe a profissão de alfaiate?

▶ NAQUELE TEMPO...

ANTIGAMENTE, O ACENDEDOR DE LAMPIÃO ILUMINAVA OS POSTES DAS RUAS.

E HOJE EM DIA, COMO OS POSTES SÃO ACESOS?

ANTIGAMENTE, O LEITEIRO DEIXAVA O LEITE NA PORTA DAS CASAS.

E HOJE EM DIA, COMO COMPRAMOS O LEITE?

As profissões mudam com o tempo e algumas desaparecem.
▼ Observe as imagens: elas são antigas ou atuais?
▼ Você conhece essas profissões?
Ouça a leitura do professor e escreva as respostas nos quadros.
Com a ajuda do professor, pesquise outras profissões que não existem mais e registre o resultado em uma folha de papel.

▶ **QUANDO CRESCER QUERO SER...**

▼ Em sua opinião, o trabalho é importante? Por quê?
▼ O que você sabe sobre o trabalho de seus pais?
▼ O que você quer ser quando for adulto?
　Desenhe o que você gostaria de ser. Depois, mostre seu desenho para os colegas.

TAREFA PARA CASA 4

UM TRANSPORTE DE MUITO TEMPO

NO MEU TEMPO SÓ TINHA BONDE ABERTO E O "CARADURA", QUE ERA O BONDE OPERÁRIO. ENTÃO A GENTE IA NO "CARADURA" PARA NÃO TER QUE PAGAR. [...] O BONDE FECHADO, "CAMARÃO", VEIO DEPOIS.

RELATO DE DONA RISOLETA, NASCIDA NO ANO DE 1900. ECLÉA BOSI. **MEMÓRIA E SOCIEDADE: LEMBRANÇAS DE VELHOS**. SÃO PAULO: COMPANHIA DAS LETRAS, 1994. P. 388.

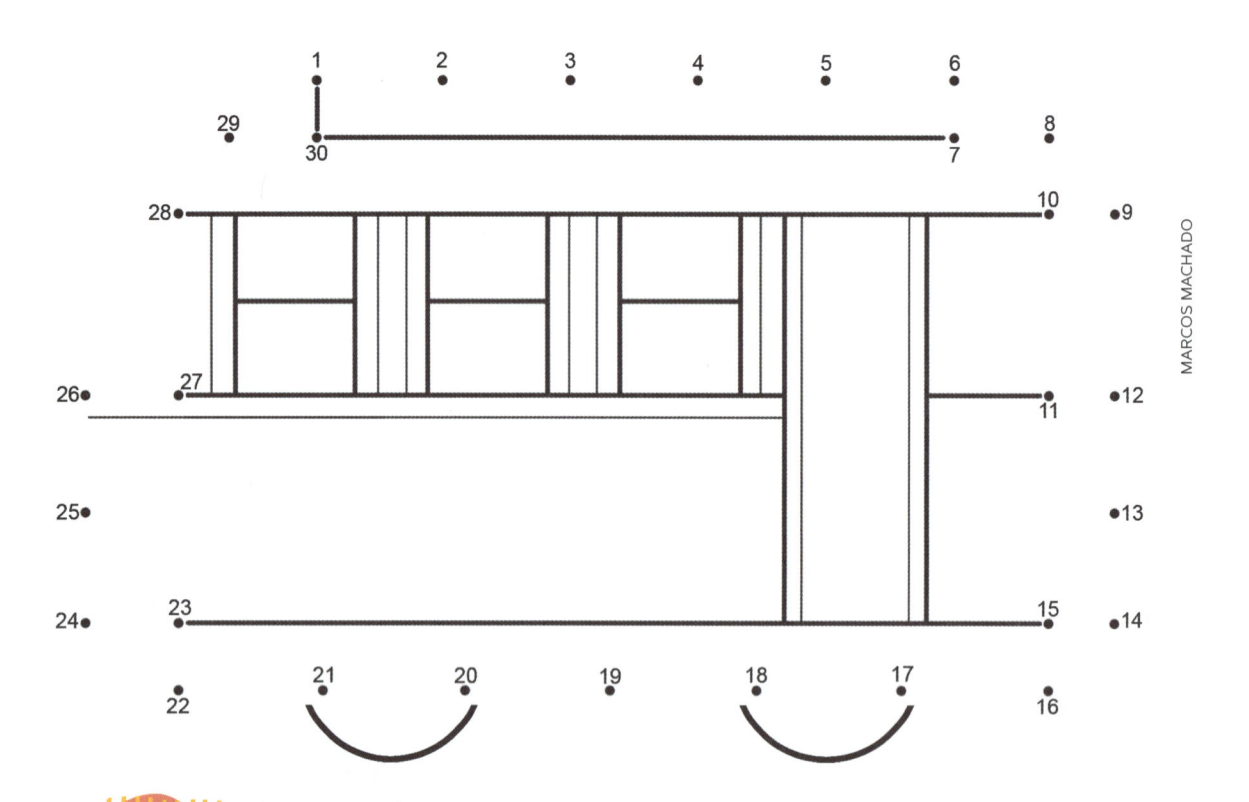

MARCOS MACHADO

SE LIGUE NA REDE

Para saber mais sobre a história e a evolução dos meios de transporte, visite o **Museu Virtual do Transporte Urbano**, no *link* a seguir (acesso em: 29 mar. 2023).

▼ www.sptrans.com.br/museu-virtual?p=10

Os meios de transporte também mudaram.

Ouça a leitura do professor e ligue os pontos para descobrir um transporte coletivo muito utilizado antigamente. Depois, pinte-o.

▼ Será que esse meio de transporte ainda existe?

Pesquise mais informações sobre o bonde e sua utilização. Registre o resultado em uma folha de papel.

OS MEIOS DE TRANSPORTE ATUAIS

▼ Você usa algum meio de transporte coletivo?
▼ Que meios de transporte coletivo existem em sua cidade?
  Recorte de revistas e jornais figuras de meios de transporte atuais que levam várias pessoas ao mesmo tempo. Cole-as na página.

► COMUNICAÇÃO AO LONGO DO TEMPO

NO TEMPO DOS MEUS BISAVÓS

[...]
O CORREIO TINHA UM GRANDE MOVIMENTO, E AS CARTAS DEMORAVAM DIAS, SEMANAS, ÀS VEZES MESES PARA CHEGAR AO SEU DESTINO. [...] E NEM SE PENSAVA EM *E-MAIL*, MUITO MENOS EM REDES SOCIAIS PARA UM BATE-PAPO GOSTOSO COM OS AMIGOS DISTANTES. INTERNET ERA COISA DE OUTRO MUNDO. [...]

NYE RIBEIRO. **NO TEMPO DOS MEUS BISAVÓS**. SÃO PAULO: EDITORA DO BRASIL, 2013. P. 8.

Ouça a leitura do professor.
▼ Que meios de comunicação eram usados antigamente?
▼ E hoje em dia, quais são usados?
▼ Você já recebeu ou enviou uma carta?
Recorte e cole no quadro a imagem de um meio de comunicação atual.

PARA COMUNICAR E INFORMAR

RUSLAN IVANTSOV/SHUTTERSTOCK.COM

PUNKBARBYO/SHUTTERSTOCK.COM

ELNUR/SHUTTERSTOCK.COM

FERNANDO FAVORETTO/CRIAR IMAGEM

▼ Que meios de comunicação são esses?

Existem meios de comunicação que servem para falar com quem está distante e outros que servem para informar e divertir.

Circule de **vermelho** os meios de comunicação utilizados para falar com quem está distante e de **azul** os utilizados para informar.

▼ Podemos também usar o celular para nos informar?

331

UNIDADE 5
UM LUGAR, MUITOS LUGARES

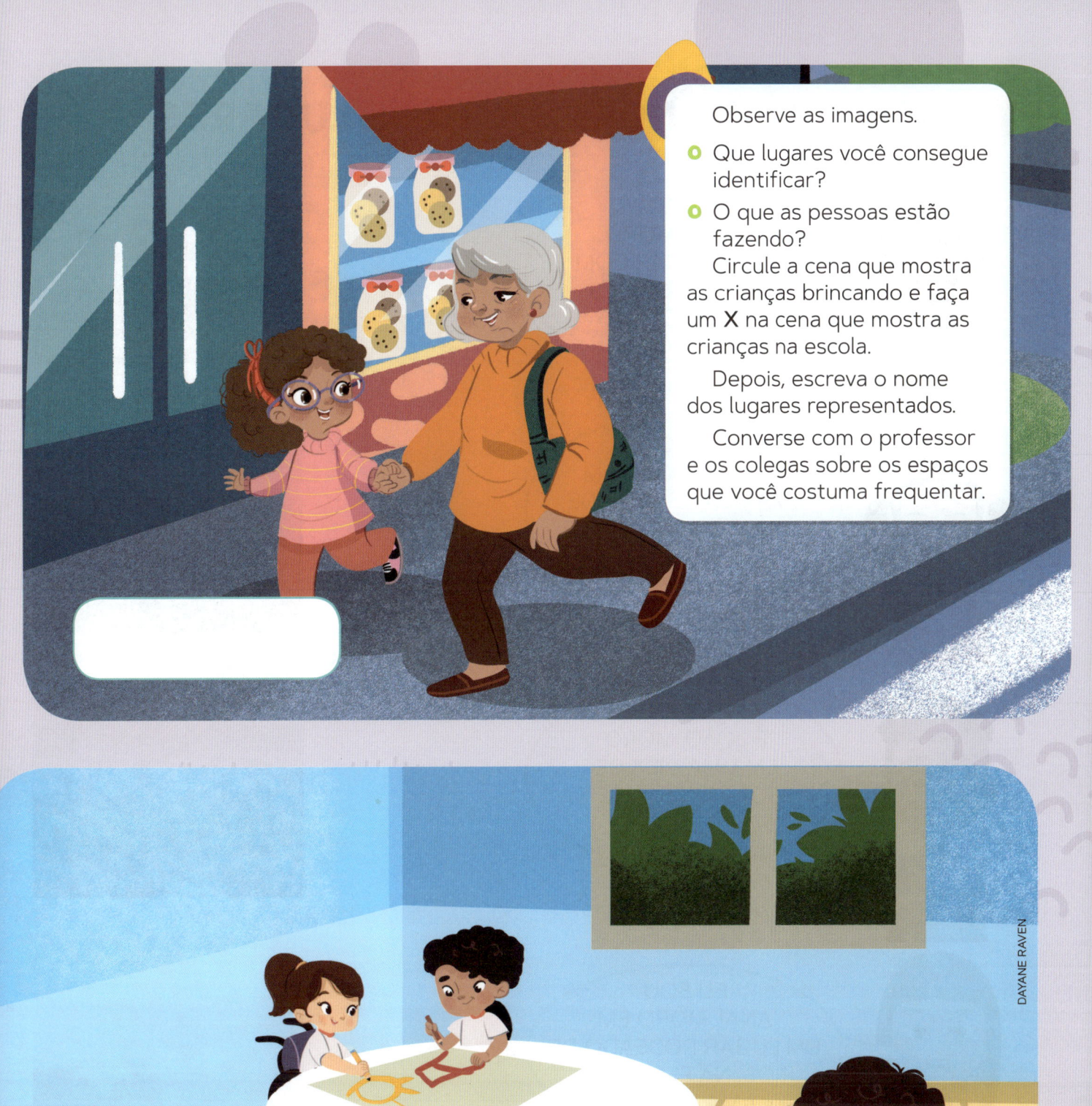

Observe as imagens.

- Que lugares você consegue identificar?
- O que as pessoas estão fazendo?

Circule a cena que mostra as crianças brincando e faça um **X** na cena que mostra as crianças na escola.

Depois, escreva o nome dos lugares representados.

Converse com o professor e os colegas sobre os espaços que você costuma frequentar.

333

OUTRAS CRIANÇAS, OUTROS LUGARES

EU SOU ARTUR. MORO EM UM LUGAR COM MUITAS ÁRVORES, MORROS E AR PURO.

MEU NOME É LARA. MORO EM UMA CIDADE GRANDE, COM MUITAS CASAS E PRÉDIOS.

MEU NOME É JOÃO. MORO EM UMA VILA DE PESCADORES, À BEIRA DA PRAIA.

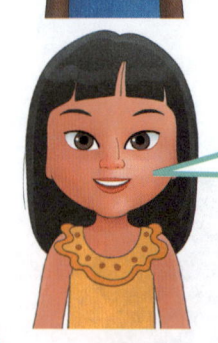

EU SOU ANAÍ. MORO EM UM LUGAR RODEADO DE RIOS, NA FLORESTA AMAZÔNICA.

O Brasil é um país muito grande, com vários lugares diferentes para viver. Acompanhe a leitura do professor e ligue as descrições às imagens.

▼ Você conhece esses lugares?
▼ Sabe como as pessoas vivem neles?

EM CADA LUGAR, UM JEITO DE BRINCAR

- ■ CARRAPIXO – BARQUINHO DE FOLHA DE COQUEIRO.
- ■ CARRINHO DE MADEIRA.
- ■ BARRACA DE FOLHAS DO AÇAIZEIRO.
- ■ BALANÇO NO PARQUINHO.

ILUSTRAÇÕES: SAULO NUNES MARQUES

Há várias maneiras de brincar aproveitando o espaço e os materiais ao seu redor. Observe as imagens e veja como brincam Artur, Lara, João e Anaí.

▼ Você conhece essas brincadeiras?

Ouça a leitura do professor e circule as imagens de acordo com a legenda.

335

▶ SEU CORPO OCUPA UM LUGAR NO ESPAÇO

VAMOS REPRESENTAR O CORPO OCUPANDO UM LUGAR.

VOCÊ VAI PRECISAR DE:

- 1 FOLHA DE PAPEL *KRAFT*;
- CANETINHAS HIDROCOR COLORIDAS;
- GIZ DE CERA;
- TESOURA SEM PONTA.

COMO FAZER

1. DEITE-SE SOBRE O PAPEL E PEÇA AO PROFESSOR OU A UM COLEGA PARA CONTORNAR SEU CORPO SOBRE ELE COM CANETINHA HIDROCOR.
2. RECORTE O CONTORNO.
3. DESENHE AS ROUPAS E AS PARTES DO CORPO PARA COMPLETAR O DESENHO.
4. COLOQUE O BONECO AO SEU LADO E MOVIMENTE-O IMITANDO OS MOVIMENTOS QUE VOCÊ FAZ.

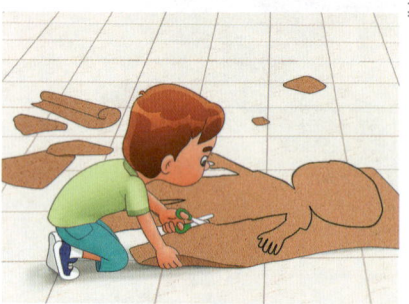

ILUSTRAÇÕES: SAULO NUNES MARQUES

Com a ajuda do professor, siga as instruções e faça o contorno de seu corpo. Depois, compare-o com o dos colegas.
▼ Os contornos são todos do mesmo tamanho?
▼ Que outras diferenças você percebe entre os contornos?

VISÕES DIFERENTES DO MESMO CORPO

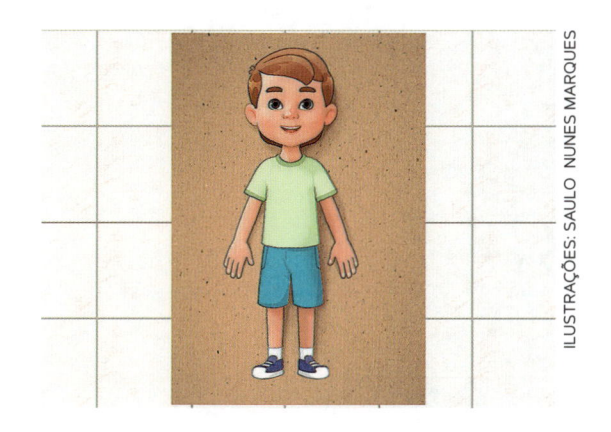

ILUSTRAÇÕES: SAULO NUNES MARQUES

☐ VISÃO VERTICAL

☐ VISÃO FRONTAL

☐ VISÃO LATERAL

☐ VISÃO VERTICAL

☐ VISÃO FRONTAL

☐ VISÃO LATERAL

☐ MESMO TAMANHO

☐ TAMANHO MENOR

☐ TAMANHO MAIOR

▼ Quando você estava deitado, qual era a visão que os colegas tinham de seu corpo?
Segure o contorno de frente para você.
▼ Qual é a visão que você tem dele segurando-o assim?
Coloque o contorno à sua frente e compare o tamanho dele com o de seu corpo.
▼ De que tamanho ficou o contorno comparado ao seu corpo?
Marque um **X** nas respostas corretas.

337

HORA DE BRINCAR

SIGA O MESTRE

O MESTRE MANDOU...
LAVAR A PARTE DE CIMA DA CABEÇA
LAVAR ATRÁS DA CABEÇA
ESFREGAR O BRAÇO DIREITO
ESFREGAR A PERNA DIREITA
LAVAR O BRAÇO ESQUERDO
AGORA A PERNA ESQUERDA.

BRINCADEIRA POPULAR.

ILUSTRAÇÕES: MARCO CORTEZ

▼ Vamos brincar de "siga o mestre"?
Siga as orientações do professor. Depois, observe as imagens e pinte os quadrinhos de acordo com o texto.

QUE LUGAR É ESSE?

ATRÁS DA MESA DO PROFESSOR ESTÁ _____.

À ESQUERDA DA PORTA ESTÁ _____.

À DIREITA DA PORTA ESTÁ _____.

EM FRENTE À JANELA ESTÃO _____.

▼ Que lugar é esse?
▼ Que objetos há nesse lugar?
   Ouça a leitura do professor e complete as frases com o nome dos objetos de acordo com a localização deles na sala.
▼ Como é sua sala?
▼ Quem se senta à sua direita? E à sua esquerda?

▶ VEM HISTÓRIA AÍ

OI! EU SOU MARIANA, E ESSA É MINHA CASA.

AQUI NA SALA ASSISTIMOS À TV E CONVERSAMOS.

HUM, QUE CHEIRINHO BOM! A COZINHA É MEU LUGAR FAVORITO DA CASA.

MINHA IRMÃ E EU DORMIMOS NO MESMO QUARTO.

E AQUI FICA O BANHEIRO QUE TODOS USAMOS.

AH, COMO EU GOSTO DA MINHA CASA!

ILUSTRAÇÕES: MARCO CORTEZ

Acompanhe a leitura do professor e descubra como é a casa de Mariana.
▼ Quantos cômodos tem a casa dela?
   Circule de **laranja** o cômodo onde Mariana dorme e de **rosa** o cômodo de que ela mais gosta.
▼ Sua casa se parece com a de Mariana?
▼ Qual é seu lugar preferido da casa em que mora?

▶ VOCÊ É O PERSONAGEM

Faça como Mariana e escreva uma história em quadrinhos para apresentar sua casa.

Em cada quadrinho, desenhe a si mesmo nos cômodos da casa e escreva um texto para apresentá-los.

BRINQUE E DIVIRTA-SE!

CAÇA AO TESOURO

1. COMECE PELA SALA. ENCONTROU ALGO? SAIA DA SALA E VÁ PARA O CÔMODO ONDE TODOS TOMAM BANHO.
2. VIU ALGUMA COISA? SAIA DO BANHEIRO E VÁ PARA O LUGAR ONDE PREPARAMOS A COMIDA.
3. NADA? PASSE PELA SACADA E OBSERVE-A.
4. SERÁ QUE NÃO ESTÁ NA SALA? OLHE EM CIMA DO SOFÁ.
5. VÁ PARA O QUARTO E OLHE TUDO. ENCONTROU?

Tiago e a mãe gostam de brincar de "caça ao tesouro".

Preste atenção nas pistas e, com um lápis de cor, trace o caminho até encontrar a surpresa escondida pela mãe de Tiago. Circule-a.

▼ Qual era a surpresa?

QUE DESENHO É ESSE?

COZINHA

BANHEIRO

QUARTO

SALA

QUARTO

FLIP ESTÚDIO

▼ Você já viu um desenho como esse?
▼ Sabe o que ele representa?

Observe a imagem e conte quantos cômodos tem essa casa. Depois, destaque os objetos da página 427 do encarte e cole-os nos cômodos.

▼ Você acrescentaria outros cômodos a essa casa?

Comente com os colegas e o professor.

UM LUGAR ESPECIAL

A ESCOLA É UM LUGAR PARA CONVIVER E APRENDER.

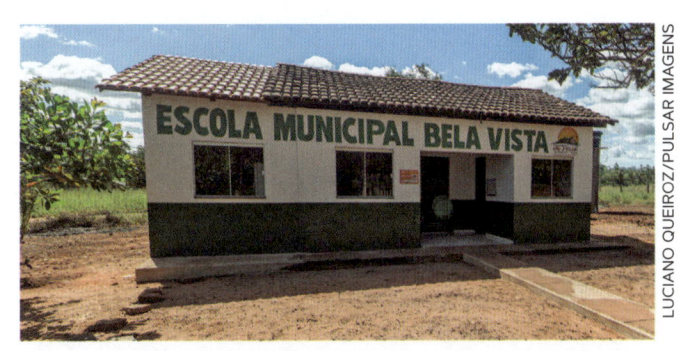

ESCOLA RURAL MUNICIPAL BELA VISTA, TOCANTINS (TO).

ESCOLA MUNICIPAL E ESTADUAL INDÍGENA, BERTIOGA (SP).

ESCOLA MUNICIPAL PROF. RAMEZ TEBET, TRÊS LAGOAS (MS).

COLÉGIO COSMOS, PAULÍNIA (SP).

ESTE ANO EU APRENDI...

▼ Como é sua escola?
▼ O que você mais gosta nela?
   Observe as imagens e acompanhe a leitura do professor. Depois, diga em voz alta em que lugar essas escolas estão localizadas.
▼ O que você já aprendeu na escola este ano?
   Escreva no quadro.

ESTA É A MINHA ESCOLA

NOME DA ESCOLA: _____

RUA/AVENIDA: _____ Nº _____

BAIRRO: _____

CIDADE: _____

▼ Em que lugar está a sua escola?
Preencha os dados dela e faça um desenho para representá-la.
▼ Sua escola é pública ou particular?
Em uma folha de papel à parte, descreva as características da sua escola.

COMO ESTÁ A SUA ESCOLA?

CUIDAR DA ESCOLA É RESPONSABILIDADE TODOS.

- BOM
- RUIM
- REGULAR
- NÃO TEM

ENTRADA	MINHA SALA	QUADRA	PARQUINHO
COZINHA	BANHEIROS	BIBLIOTECA	PÁTIO
CORREDOR	SALA DE INFORMÁTICA	BRINQUEDOTECA	REFEITÓRIO

▼ Sua escola está bem cuidada?
Observe os espaços da escola e veja se estão bem cuidados. Depois, desenhe as carinhas de acordo com a legenda para classificar cada lugar.

▼ Como você pode ajudar a cuidar da escola?
Converse com os colegas e o professor.

MUITOS LUGARES DA MINHA ESCOLA

O ESPAÇO DA ESCOLA ESTÁ ORGANIZADO PARA FACILITAR O ACESSO E A CIRCULAÇÃO DE PESSOAS. DE ACORDO COM O TAMANHO DE CADA ESCOLA, ESSE ESPAÇO PODE SER ORGANIZADO DE DIFERENTES MANEIRAS.

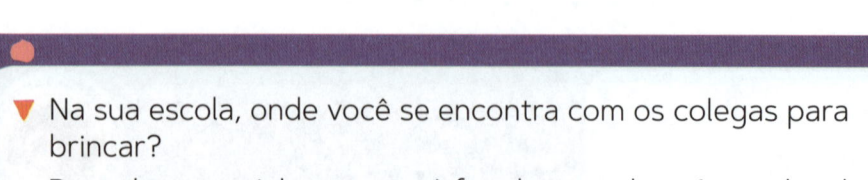

▼ Na sua escola, onde você se encontra com os colegas para brincar?

Desenhe o caminho que você faz da sua sala até esse local. Coloque todos os lugares pelos quais você passa até chegar lá e escreva o nome deles.

Depois, apresente seu trabalho para os colegas e o professor.

TAREFA PARA CASA 5

SER CIDADÃO

MUNDO-PARAÍSO

IMAGINE UM RIO DE ÁGUAS CLARAS
MUITOS PEIXES A PULAR.
IMAGINE UM CÉU AZUL
E UM SOL SEMPRE A BRILHAR.
IMAGINE FLORESTAS VERDINHAS
E COM ÁRVORES A SOMBREAR.
IMAGINE UM MUNDO-PARAÍSO.
UM LUGAR LINDO PARA MORAR.
PARA ISSO É PRECISO
NÃO POLUIR AS ÁGUAS,
NÃO MALTRATAR OS ANIMAIS,
NÃO DESTRUIR AS FLORESTAS,
NÃO POLUIR O AR.
IMAGINE UM MUNDO-PARAÍSO
UM LUGAR LINDO DE MORAR.

TEXTO ESCRITO ESPECIALMENTE PARA ESTA OBRA.

Acompanhe a leitura do professor e, depois, faça um desenho para ilustrar o texto.
▼ Você consegue imaginar um mundo como o do poema?

Com os colegas, elabore um cartaz com ideias de como fazer do mundo um lugar melhor.

UNIDADE 6

OUTROS ESPAÇOS

- Observando a ilustração, você consegue identificar os espaços que aparecem?
- Que espaços são esses? Identifique-os escrevendo nas etiquetas no final da página.
- O que acontece em cada um desses espaços? Converse com os colegas e o professor.

MERCADO

FARMÁCIA

MARCO CORTEZ

351

UM ESPAÇO CHAMADO RUA

▼ Para que serve o espaço da rua?
▼ Como é a rua da sua casa? Quem usa essa rua e que espaços existem nela?
▼ Há outras moradias, parques, praças, lojas, ginásios, bibliotecas, supermercados? E o que mais?

Desenhe a sua rua para mostrar o que existe nela. Depois, apresente o desenho a seus colegas e ao professor.

▶ O MOVIMENTO DAS RUAS

QUEM VAI E VEM UM JEITO SEMPRE TEM

PARA IR À MINHA ESCOLA
USO ÔNIBUS ESCOLAR...
...O CARRO ME LEVA BEM RAPIDINHO
ME LEVA ONDE PRECISO FOR...

ELLEN PESTILI. **QUEM VAI E VEM UM JEITO SEMPRE TEM**. SÃO PAULO: EDITORA DO BRASIL, 2013. P. 7, 10.

MARCO CORTEZ

- ▼ Você sabia que a rua é um espaço de circulação?
- ▼ O que podemos ver circulando pelas ruas?
  Ouça o texto que o professor irá ler e descubra alguns elementos que circulam pelas ruas.
  Depois, observe a rua acima e complete-a recortando e colando figuras de revistas para mostrar o que circula pelas ruas.

CADA RUA TEM UM NOME

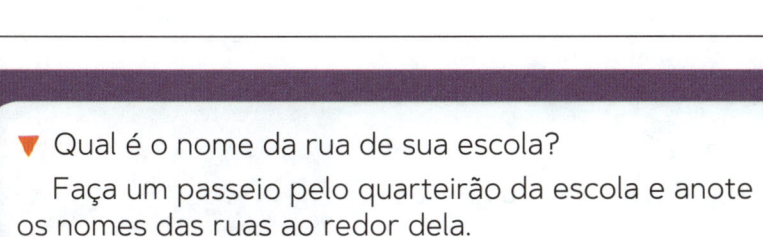

_____

_____

_____

▼ Qual é o nome da rua de sua escola?
   Faça um passeio pelo quarteirão da escola e anote os nomes das ruas ao redor dela.
   Em sala, represente em um desenho sua escola e as ruas do entorno, escrevendo os nomes que anotou.
▼ Descobriu o nome da rua de sua escola?
   Escreva nas linhas acima.

UMA RUA DIFERENTE

| @ | B | A | @ | R | R | A | @ | M | A | N | @ | T | E | I | @ | G | A | @ | @ |

| @ | @ | C | O | @ | R | @ | D | @ | A |

| @ | F | U | T | @ | E | @ | B | @ | O | @ | L |

_____

_____

_____

▼ Você gosta de brincar? Sabe que rua é essa?
Esta é uma rua comum que nos finais de semana vira rua de lazer.
▼ Do que as crianças estão brincando?
Descubra pintando os símbolos e copiando as letras nas linhas no final da página. Depois, pinte a ilustração.

SINALIZAÇÃO DO TRÂNSITO

AVISOS COLORIDOS SÃO SINAIS PARA OS CARROS E TAMBÉM PARA OS PEDESTRES.

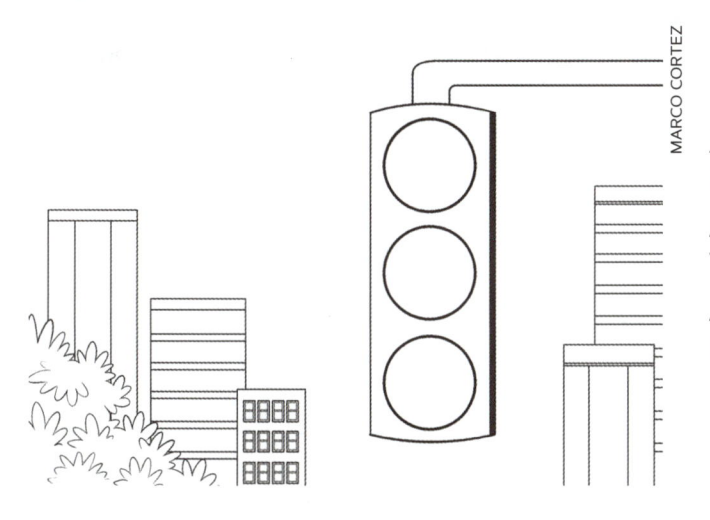

A **LUZ VERDE** LIBERA OS CARROS PARA PASSAR – SIGNIFICA **SIGA**.

A **LUZ AMARELA** ORIENTA PARA QUE TODOS TENHAM **ATENÇÃO**.

A **LUZ VERMELHA** INDICA QUE TODOS DEVEM PARAR – SIGNIFICA **PARE**.

E OS PEDESTRES, COMO SABEM QUANDO PODEM SEGUIR PARA ATRAVESSAR UMA RUA? OBSERVE O SEMÁFORO PARA PEDESTRES E PINTE-O UTILIZANDO AS CORES INDICADAS.

● PARE

● SIGA

▼ Você sabe como se organiza o trânsito nas ruas?

▼ A circulação de pessoas e de carros normalmente é muito grande. Como podemos manter a ordem para que todos possam circular sem confusão e acidentes?

Complete a atividade pintando conforme as orientações e descubra algumas sinalizações do trânsito.

OUTROS SINAIS

TRAVESSIA DE PEDESTRE

TRÂNSITO DE CICLISTAS

ÁREA ESCOLAR

▼ Você conhece outros sinais que nos ajudam a circular pelas ruas em segurança?

Observe as placas apresentadas, ouça a leitura do professor e ligue cada placa ao seu significado.

CIRCULANDO PELOS ESPAÇOS

_____

_____

_____

▼ Além das ruas, que outros espaços existem?

Observe a ilustração e identifique os espaços que utilizamos em nosso dia a dia. Escreva o nome de cada um que encontrar.

▼ Como você acha que o garoto chega à sua casa?

Percorra o caminho com lápis de cor da escola até a casa amarela e circule os espaços pelos quais ele passa.

ESPAÇOS DE CIRCULAÇÃO

■ ESPAÇOS DE CIRCULAÇÃO DAS PESSOAS: **CALÇADAS**.

■ ESPAÇOS DE CIRCULAÇÃO DOS MEIOS DE TRANSPORTE: **RUAS**.

▼ Nas ruas, em que lugares as pessoas devem circular? E os meios de transporte?

Observe a legenda e pinte os espaços corretamente.

O QUE PODEMOS VER

O LUGAR DE MORAR, VIVER, BRINCAR, APRENDER E CONVIVER É FORMADO POR DIFERENTES ELEMENTOS QUE COMPÕEM A PAISAGEM.

▼ Você sabe quais são os elementos que fazem parte da paisagem de sua moradia?
▼ E o que existe na paisagem dos diferentes espaços que você frequenta?

Observe as imagens e pinte os quadros que indicam elementos da paisagem de sua moradia ou dos lugares que você frequenta.

PARA CHEGAR EM MINHA CASA

▼ Você sabe como as pessoas conseguem se localizar e encontrar endereços?

▼ Existe algum local que possa servir de referência para encontrar com mais facilidade a sua casa? O que você indicaria?

Pode ser uma padaria, uma escola, um restaurante, um posto de gasolina ou outro lugar. Desenhe a sua moradia na rua e, depois, o ponto que você indicaria como referência.

▶ DIFERENTES PAISAGENS

GERALMENTE, NA PAISAGEM, ENCONTRAMOS DOIS TIPOS DE ELEMENTOS: OS QUE FORAM CRIADOS PELO HOMEM, CHAMADOS DE ELEMENTOS CULTURAIS, E OS QUE SÃO PARTE DA NATUREZA, SEM A INTERVENÇÃO HUMANA, CHAMADOS DE ELEMENTOS NATURAIS.

PAISAGENS COM ELEMENTOS CULTURAIS.

PAISAGENS COM ELEMENTOS NATURAIS.

▼ Você sabe quais elementos podemos encontrar em uma paisagem?

Ouça a leitura do professor. Depois, recorte de jornais e revistas figuras que representem os elementos culturais e naturais e componha a paisagem de acordo com a indicação.

TRABALHADORES NAS RUAS

■ CAMELÔ ■ MOTORISTA ■ VENDEDOR
■ FEIRANTE ■ SAPATEIRO

▼ Que trabalhadores podemos encontrar nos diferentes espaços das ruas?

Observe as imagens e pinte-as de acordo com a legenda.

TAREFA PARA CASA 6

TRABALHOS NA FAZENDA

▼ Quem trabalha no espaço rural?

Pinte a cena e descubra alguns tipos de trabalho feitos na fazenda. Escreva-os como souber.

PESSOAS QUE TRABALHAM NA CIDADE

▼ Que tipo de trabalho é possível encontrar nas cidades?

Pesquise, recorte e cole imagens de pessoas que trabalham nas cidades.

▼ Quais trabalhos você encontrou?

SER CIDADÃO

"AMIGOS DO BENEDITO DE LIMA" REALIZAM A TRANSFORMAÇÃO DO ESPAÇO PÚBLICO

UM DOMINGO (16) DE TRABALHO MUITO PRAZEROSO PARA OS JOVENS VOLUNTÁRIOS QUE ABRAÇARAM A PROPOSTA NO INTUITO DE RECUPERAR O COMPLEXO EDUCACIONAL, CULTURAL E ESPORTIVO (CECE) BENEDITO DE LIMA, NO BAIRRO DO RETIRO. [...]

UM CONVITE À POPULAÇÃO PARA QUE SE APROPRIE DOS ESPAÇOS PÚBLICOS COM RESPONSABILIDADE, FREQUENTE COM DISCIPLINA E RESPEITO, UMA VEZ QUE A ELES PERTENCE, É PARA QUE CRIANÇAS, JOVENS E ADULTOS POSSAM USUFRUIR DE MANEIRA SAUDÁVEL: QUEM CUIDA NÃO ESTRAGA. [...]

ASSESSORIA DE IMPRENSA PMJ. **PREFEITURA DE JUNDIAÍ**. PUBLICADO EM 10/12/2018. DISPONÍVEL EM: HTTPS://JUNDIAI.SP.GOV.BR/NOTICIAS/2018/12/16/AMIGOS-DO-BENEDITO-DE-LIMA-REALIZAM-A-TRANSFORMACAO-DO-ESPACO-PUBLICO/. ACESSO EM: 29 MAR. 2023.

▼ Você frequenta algum espaço público, como parque, praça ou ginásio?
▼ Como é a conservação desse espaço?
  Ouça a leitura do professor.
▼ Por que você acha que as pessoas tiveram de recuperar esse espaço?
▼ O que devemos fazer para preservar os espaços públicos?
  Desenhe em uma folha à parte uma ação que podemos ter para cuidar de um espaço público.

DATAS COMEMORATIVAS
DIA DAS MÃES

O DIA DAS MÃES É COMEMORADO NO SEGUNDO DOMINGO DE MAIO. NESSA DATA, HOMENAGEAMOS NOSSA MÃE OU A PESSOA QUE CUIDA DE NÓS COM MUITO AMOR.

VOCÊ VAI PRECISAR DE:

- 3 FORMINHAS DE DOCINHOS;
- 3 PALITOS DE SORVETE;
- 1 COPO PLÁSTICO DE CAFÉ;
- PEDAÇOS DE PAPEL CREPOM DE CORES VARIADAS;
- UM PUNHADO DE AREIA.

COMO FAZER

1. AMASSE PEDAÇOS DE PAPEL CREPOM E FAÇA BOLINHAS.
2. COLE UMA BOLINHA NO CENTRO DE CADA FORMINHA ABERTA. ESPERE SECAR.
3. COLE CADA FORMINHA EM UM PALITO DE SORVETE. COLOQUE AREIA NO COPINHO E FIRME OS PALITOS.

COM MINHA MÃE EU GOSTO DE FAZER...

▼ Como você gosta de comemorar o Dia das Mães?

Siga as orientações do professor e prepare um vasinho de flores para presentear sua mãe ou quem cuida de você. Depois, em uma folha à parte, faça uma lista de coisas que você gosta de fazer na companhia dela e entregue junto com o vasinho.

Aproveite o dia junto com sua mãe fazendo algo dessa lista.

ILUSTRAÇÕES: MARCOS MACHADO

DIA DOS PAIS

O DIA DOS PAIS É COMEMORADO NO SEGUNDO DOMINGO DE AGOSTO. NESSA DATA, HOMENAGEAMOS NOSSO PAI OU A PESSOA QUE CUIDA DE NÓS DEMONSTRANDO A ELE TODA NOSSA ADMIRAÇÃO.

▼ Como você costuma comemorar o Dia dos Pais?
Faça um desenho representando o que seu pai ou quem cuida de você gosta de fazer ou comer.

DIA DA CRIANÇA

O DIA DA CRIANÇA É UM DIA DE FESTA E BRINCADEIRAS NO QUAL CELEBRAMOS A INFÂNCIA DE TODAS AS CRIANÇAS DO MUNDO. NEM TODOS OS LUGARES COMEMORAM ESSA DATA EM 12 DE OUTUBRO, MAS O QUE IMPORTA É QUE AS CRIANÇAS SÃO LEMBRADAS E VALORIZADAS NO SEU DIREITO DE BRINCAR.

_____
_____
_____

▼ Como você gosta de comemorar o Dia da Criança?

Identifique nas cenas as diferentes brincadeiras. Depois escreva, com a ajuda do professor, o nome de cada uma delas. Escolha uma e brinque com os colegas. Aproveite, divirta-se muito! Um dia só é pouco para comemorar a magia de ser criança!

NATAL

NO DIA 25 DE DEZEMBRO, OS CRISTÃOS COMEMORAM UM DIA MUITO IMPORTANTE.

OBSERVE ESTES SÍMBOLOS E VEJA SE DESCOBRE QUE DIA É ESSE.

ILUSTRAÇÕES: MARCOS MACHADO

◯ ⓝ ◯ Ⓐ ◯ Ⓣ ◯ Ⓐ ◯ Ⓛ

▼ Qual festa é representada por esses símbolos?

Pinte as bolinhas que apresentam as letras que formam o nome dessa festa. Depois, copie a palavra no espaço.

▼ Como você e sua família comemoram o Natal?

TAREFA PARA CASA 1

UM CARDÁPIO SAUDÁVEL

▼ Depois de aprender sobre os grupos de alimentos, você já sabe como ter uma alimentação mais saudável?

Recorte de jornais, revistas e folhetos imagens de alimentos e cole-as na página para montar um cardápio saudável.

▼ Que imagens você colou?

▼ Você consome esses alimentos no dia a dia?

TAREFA PARA CASA 2

AJUDANDO A NATUREZA

▼ Que outras ações podem ajudar no cuidado com a natureza?
Pense em uma ação e represente-a com um desenho. Depois, escreva o que desenhou.

TAREFA PARA CASA 3

AS CASAS SÃO DIFERENTES

As casas não são todas iguais, e mudaram bastante com o passar do tempo.

Recorte de revistas imagens de dois tipos de casas e cole-as no quadro. Em seguida, escreva como souber as diferenças entre elas.

De volta à escola, apresente seu trabalho para a turma e conte o que você descobriu.

TAREFA PARA CASA 4

QUANTAS PROFISSÕES!

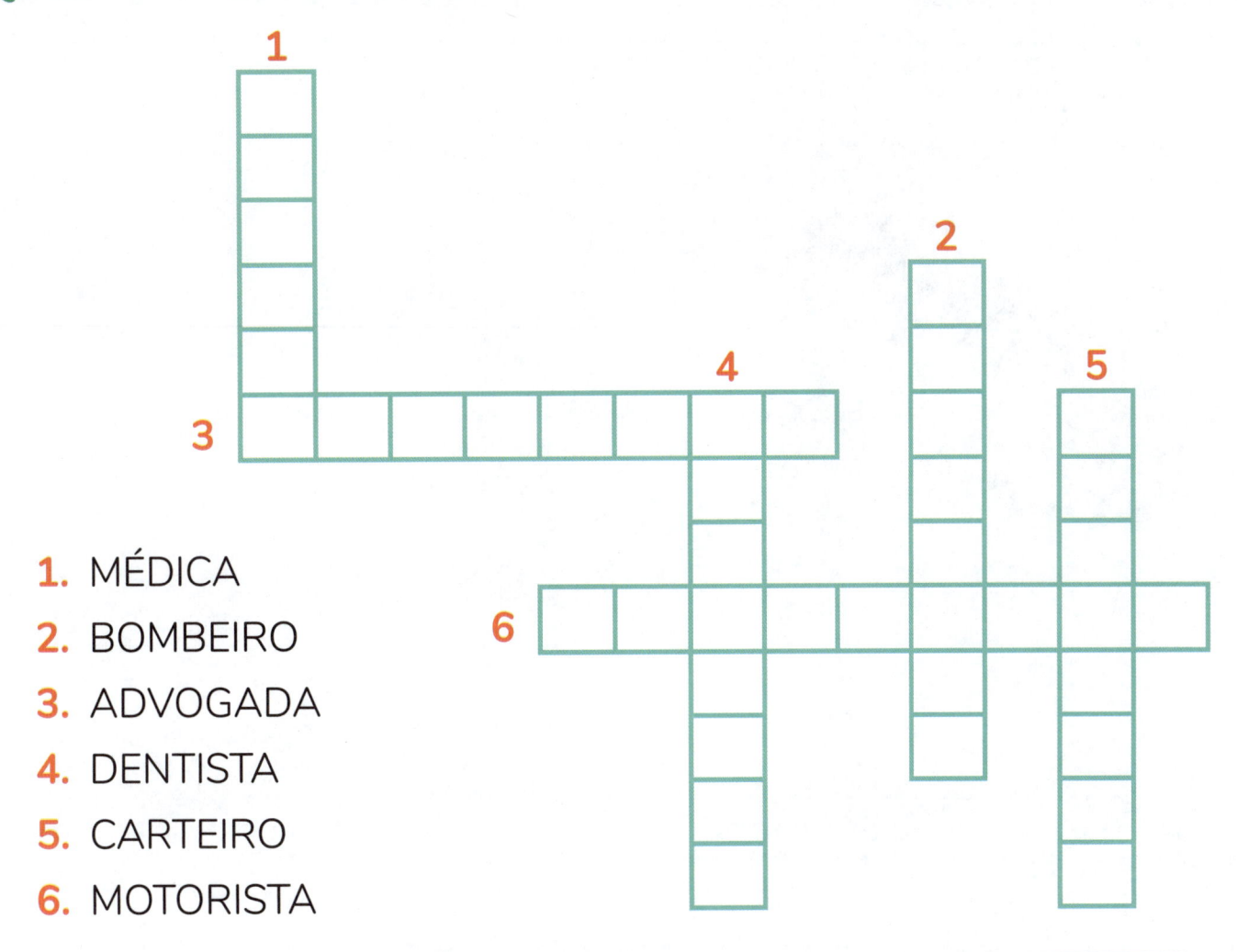

1. MÉDICA
2. BOMBEIRO
3. ADVOGADA
4. DENTISTA
5. CARTEIRO
6. MOTORISTA

▼ Você conhece outras profissões?

Leia o nome das profissões e complete o diagrama de palavras.

Depois, escreva o nome da profissão de seus pais ou de quem cuida de você.

TAREFA PARA CASA 5

OBSERVANDO CAMINHOS

- Observe o mapa que Matheus desenhou para ensinar o caminho da escola até a casa dele.

  Circule no mapa onde fica a casa de Matheus.

  Depois, desenhe um mapa mostrando o caminho que você faz da sua casa até a escola. Na sala, mostre seu mapa aos colegas.

TAREFA PARA CASA 6

UM PROFISSIONAL ESPECIAL

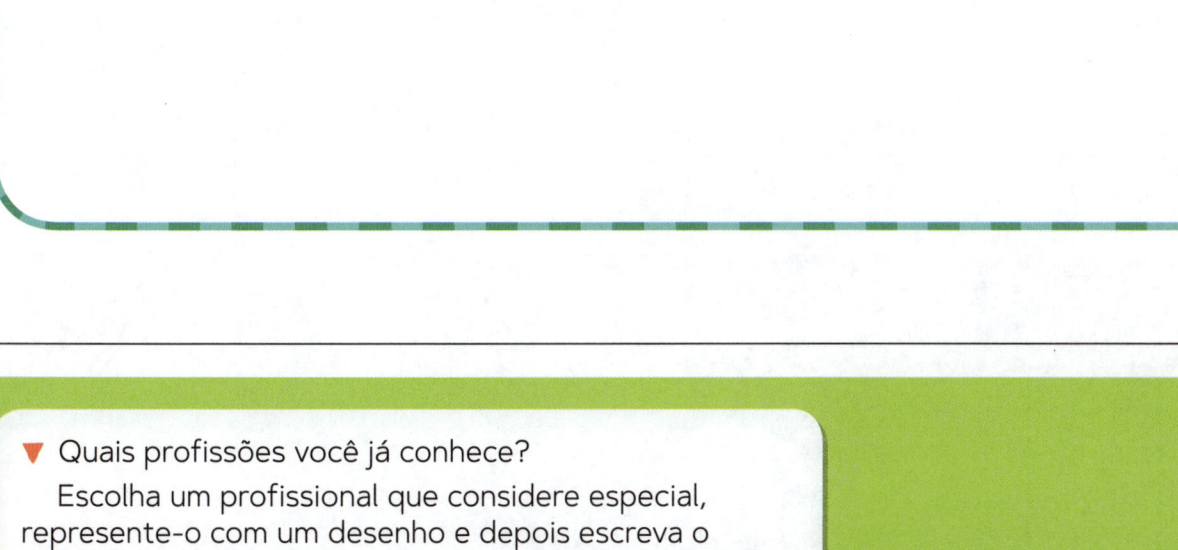

▼ Quais profissões você já conhece?
Escolha um profissional que considere especial, represente-o com um desenho e depois escreva o nome da profissão dele. Prepare-se para falar sobre ele.

▶ ENCARTES DE ADESIVO
PÁGINA 41

ILUSTRAÇÕES: MARCO CORTEZ

385

PÁGINAS 30 E 31

> FUI MORAR NUMA CASINHA NHA
> INFESTADA DA
> DE CUPIM PIM PIM
> SAIU DE TRÁS, TRÁS, TRÁS
> UMA LAGARTIXA XA
> OLHOU PRA MIM, OLHOU PRA MIM
> E FEZ ASSIM!

> RODA, COTIA
> DE NOITE, DE DIA.
> O GALO CANTOU
> E A CASA CAIU!

PÁGINAS 50 E 51

ILUSTRAÇÕES: FERNANDA MONTEIRO

PÁGINAS 66 E 67

ILUSTRAÇÕES: FERNANDA MONTEIRO

391

PÁGINAS 84 E 85

ILUSTRAÇÕES: FERNANDA MONTEIRO

PÁGINA 90

PÁGINAS 130 E 131

ILUSTRAÇÕES: ALEXANDRE MATOS

PÁGINA 177

LUIZ LENTINI

397

PÁGINAS 150 E 151

ILUSTRAÇÕES: ALEXANDRE MATOS

PÁGINA 179

HÉLIO SENATORE

PÁGINAS 170 E 171

PÁGINAS 204 E 205

ILUSTRAÇÕES: ALEXANDRE MATOS

PÁGINAS 258 E 259

ILUSTRAÇÕES: DAYANE RAVEN

PÁGINAS 276 E 277

▶ **ENCARTES DE PICOTE**

PÁGINA 12

A	A	A	B	C
D	E	E	E	F
G	H	I	I	J
J	K	L	M	N
O	O	O	P	Q
R	S	T	U	U
V	W	X	Y	Z

PÁGINA 12

A	A	A	B	C
D	E	E	E	F
G	H	I	I	I
J	K	L	M	N
O	O	O	P	Q
R	S	T	U	U
U	V	W	X	Y
Z	Ç	Ç		

PÁGINA 16

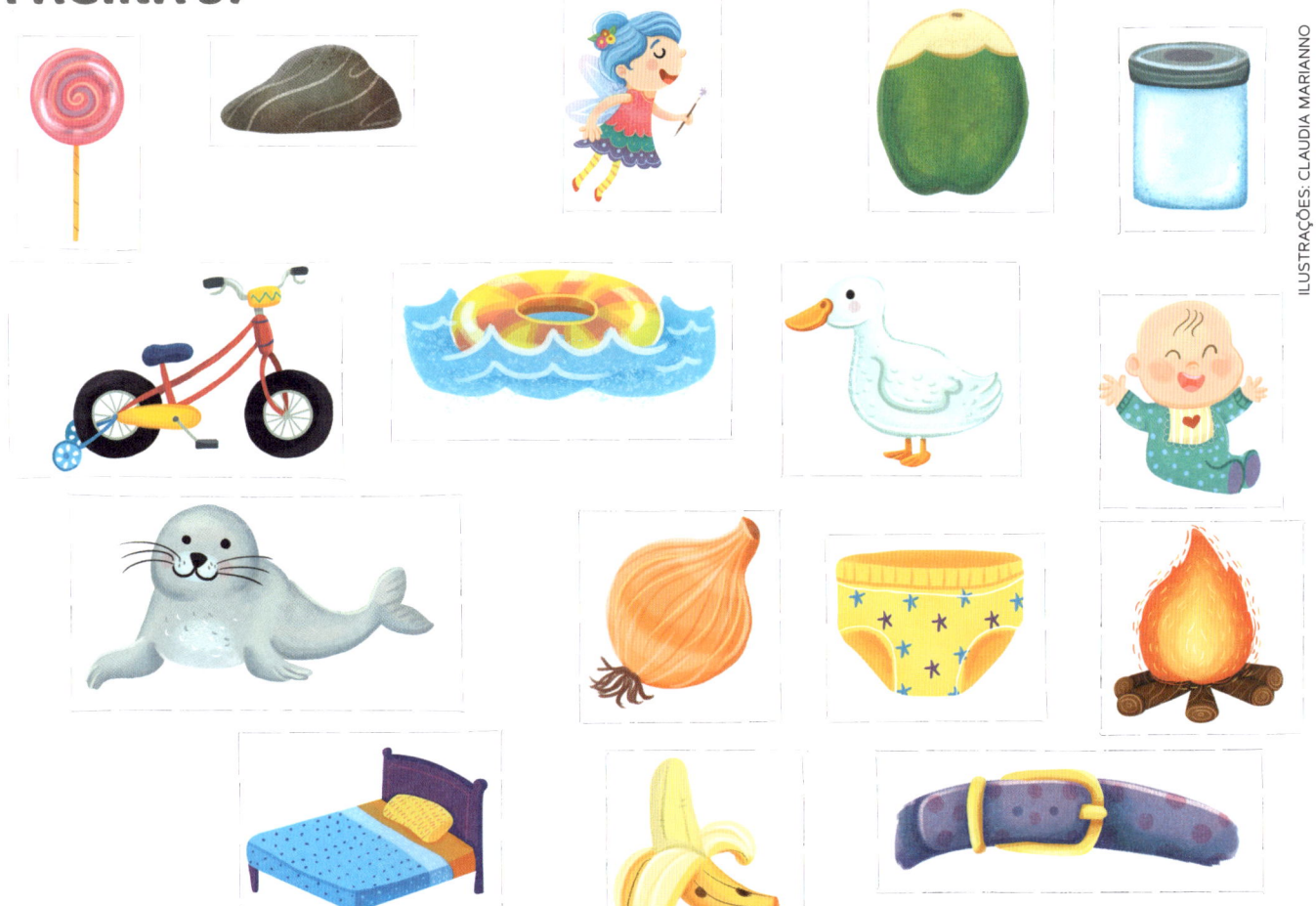

PÁGINA 37

413

PÁGINA 71

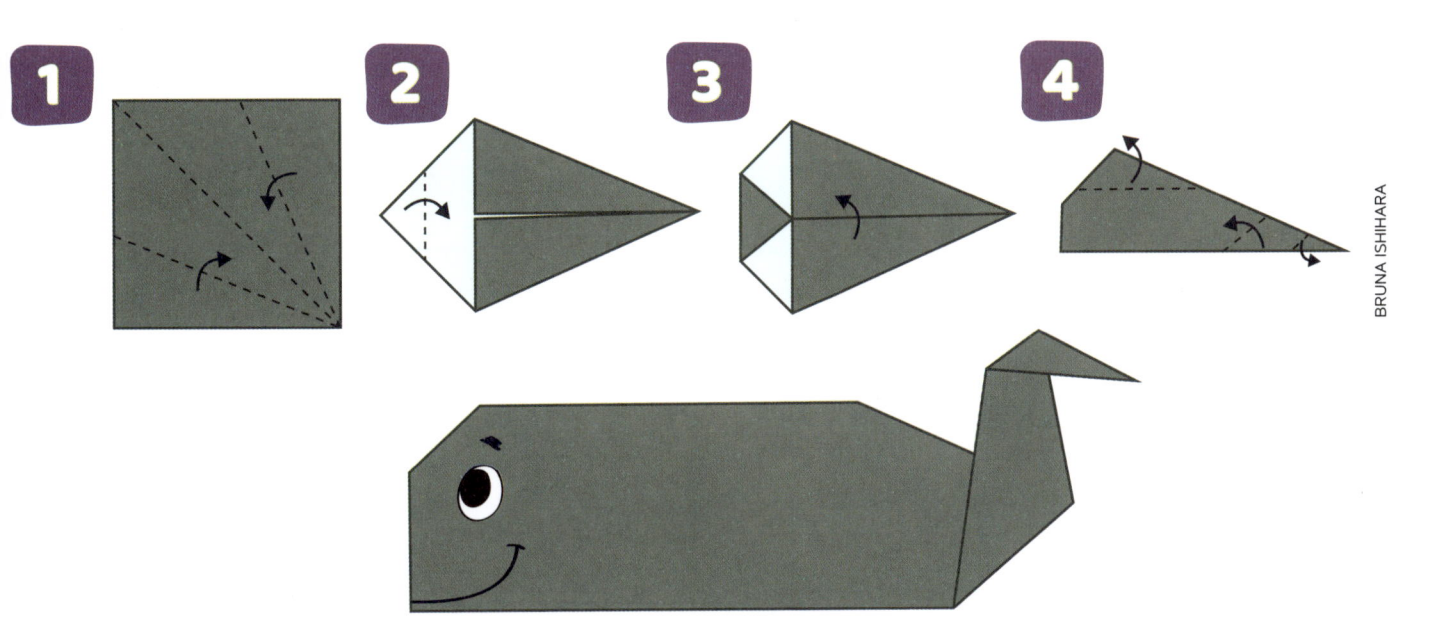

PÁGINA 153

PÁGINA 184

419

PÁGINA 184

421

BANCO CENTRAL DO BRASIL

PÁGINA 265

PÁGINA 310

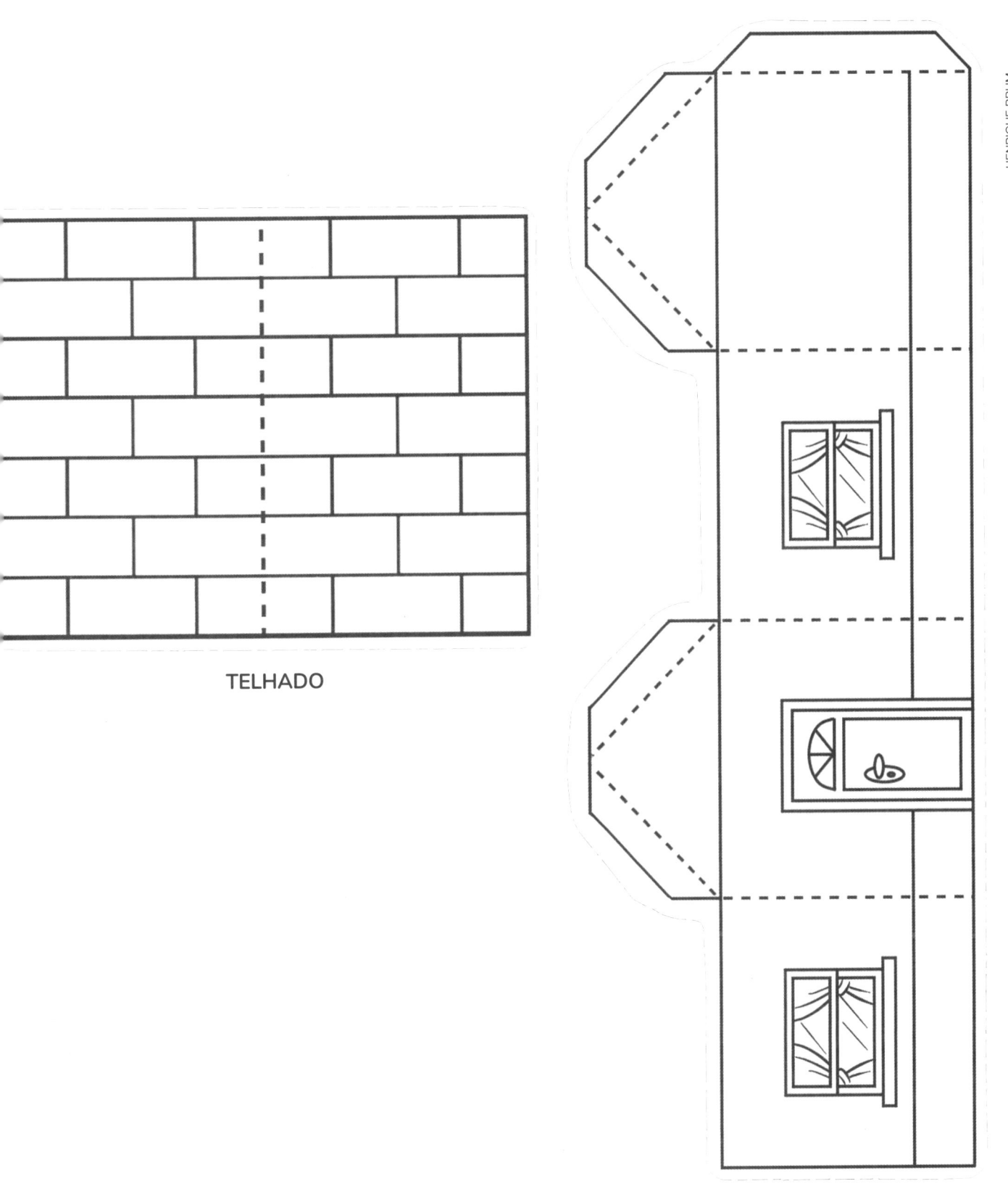

TELHADO

PÁGINA 343